JN065449

英語を読みこなしたいなら まず○○だけ訳しなさい

誰も教えてくれなかった
"前半"の秘密

かんべ やすひろ 著

LACE
プレイス

はしがき

　この本は英語が読めるようになる本です。英語の本なので当たり前ですね（笑）。では、数ある英文リーディングの本と本書はどんな違いがあるのでしょう。

　まずは以下の質問に YES か NO で答えてください。

質問1　英語がそもそもさっぱりわからず、学校でも苦手だった。
質問2　教科書の英語はわかるが、入試英文や資格試験の英語、英字新聞などはまったく読めない。
質問3　ごく短い文ならなんとかなるが、2〜3行にわたる長い文が読めない。
質問4　英語は単語さえわかればなんとかなると思う。

　1が当てはまる人はぜひ本書を読んでください。きっと人生が変わりますよ。

　しかし、この本をいま手にしている人は、質問2以下が YES の人ではないでしょうか？　学校の英語の成績はまあまあ良かったが、いざ自分で読もうとすると読めないタイプ。例えば、入試英文や英検などの資格試験の英語など、みなさんが「実力試験」と呼ぶものが読めないというタイプですね。

　つまり、ごく普通の英語学習者の悩み（課題）は以下の3つではないでしょうか？

悩み1　先生や参考書の解説はわかるが、いざ自分で読もうと思ったとき読めない。（試験の英語など）
悩み2　「長い文」が読めない。「公的な」文章が読めない。（英字新聞、洋雑誌など）
悩み3　単語の"つなぎ方"がわからない。（英文を読むのに、単語以外に何が必要かわからない）

　本書はこの3つの悩みを解決する本です。

　それでは、どのように解決するのか？

　重要なことは「どうやって」読めるようになるのか、その方法論だと思いますので、他書にはない本書の**5つの特徴**をご紹介しましょう。

1. "解説"ではなく"指示"をするので「自分で」読めるようになる

通常、英語の授業や本というと先生や著者が英文の解説をしていくだけですが、いざ自分で読もうとするとまったく読めないということはないですか？

いわば釣りの名人がそばにいて、釣った魚を与えてくれるだけ。しかし、その釣り名人の先生がいなくなると途端に魚が食べられなくなる。

そうではなく、「魚の釣り方」をマスターすれば、一生自分で魚を採って食べられますね。

本書では、英文の「解説」ではなく、英文に出会ったときあなたがどう読むかの「指示/指図」（インストラクション）をします。

「こんな文に出会ったら」→「ここを見て」→「このように判断して読んでください」という指示です。対処法と言ってもいいでしょう。そうすれば、これから出会う文を「自分（自力）で」読んでいけるようになるのです。

あなたがこれから英文を読む際に出会う可能性のあるパターンを分析して、パターンごとの読み方を伝授します。

すべてのパターンをマスターしたら、読めるようになるのは当たり前ですね。

それが英語のゴールなのです。今までにない発想ですね。

2. オリジナルの「設計図」に書き込んでいく

理論だけでなく、実際に手を動かし、私が作ったオリジナルの**「設計図」**に書き込んでいってもらいます。

そうすることによって、英語を読む感覚がマスターできるはず。

私の受講生（後述）がよく言うのは、「**昔は単語がただ並んでいるだけに見えたが、今は並んでいる意味がわかる**」というセリフです。本書の設計図を使って練習すると、こういう感覚が得られるようになります。

3. 情報の宝庫である「前半」に特化

そして英語の**「前半」**に着目する方法を教えます。実は、ここに**特化**すると英文が読めるようになるのです。ここが情報の宝庫だからです。

長文の前半なのか、センテンスの前半なのか、1文の前半なのか、くわしくは本文で紹介しますのでお楽しみに。

英語がマスターできるかどうかの分かれ目、超重要ポイントなのです。

4. 「公的な文章」の読み方がわかる

みなさんが読めるようになりたい文、読めるようになる必要のある文は、「公的な文章」です。

"公的な"文章とは、英字新聞、洋ジャーナル（専門雑誌）、論文などですね。

これら公的な文章を読めるかが問われるのが各種英語の試験（入試英文やTOEIC®、英検など）なのです。

小説や絵本、歌詞など「非公的」な文章はスラングなどが多い場合があり難しいのですが、公的な文章にはある特徴があって、その特徴さえわかれば、簡単に読めてしまうのです。

「公的な英文の特徴、特殊な性質」──これは今までどんな本にも書かれていないと思います。

5. 実際の「授業」の再現

この本はただ頭の中で考えた机上の空論ではありません。

私が自分の勤務する大学で英語の苦手な学生に対して行った実際の授業を再現したものです。

いわば、すでに効果のあった方法を再現していますので、その効果は実証ずみです。英語が超苦手な大学生がどこでつまずくのか、どうすればわかりやすいか、どういう順番で教えれば克服できるかなど、いろいろ試行錯誤して、英字新聞やそれを使った入試英文など公的な文章が読めるようになり、期末試験でほぼ全員満点が取れるようになるまでの軌跡（奇跡？）を描いています。

英語が苦手な人がどこでわからなくなるか検証済みということです。

ですから英語が苦手な人でも大丈夫です。むしろ、そういう人にこそ読んでほしい本です。

以上、本書の他書にはない特徴をまとめてみました。

本書が対象としているのは、大学生や高校生などの学生、ビジネスパーソンや主婦の方などの社会人の方で、特に英語に苦手意識のある人です。

いわば英語が読めるようになりたいすべての人が対象です。

「英語が読める」という力は強力なので、ぜひこの力を使って羽ばたいてほしいのです。

英語が得意な人はこんな考え方もあるのか、こんな風に教えればいいのか、などと参考にしていただけたらと思います。

　　本書を読み終えたとき「英語が読める」という感覚が味わえるはず。
　　ぜひ試してみてください。
　　そして、本書の「卒業試験」で受講生と同じように満点が取れるか、トライしてみてください。

　　それではいよいよ始めましょう。
　　あなたの人生を変えるかもしれない授業のスタートです。

　　2020年6月

かんべやすひろ

目　次

● 第1章 「英語が読める」とは？ 15

● 第2章 「文の先頭」をマスターしよう！......69

● 第 3 章　「主人公の説明」をマスターしよう！…… 255

● 第4章　英文の後半の読み方 353

● 重要リスト

本書の使い方

　本書は私が勤務先の大学で行った全15回の授業を再現したものです。生徒になったつもりで読んでください。15回がたった2200円（税込：令和2年9月現在）で受けられる授業です。

　実際の授業では、

やり方（英文の読み方）を教え

⇩

問題（英文）を出して

⇩

それの正解を書いてもらう

というクイズ形式でやっていました。

　つまり、話をするだけでなく、実際に手を動かして書いてもらっていました。実際にはパソコン教室内だったので、Microsoft Word のファイルを配り、空所に正解と思うものをコピー＆ペーストしてもらっていました。

　本書は紙媒体ですので、鉛筆や消せるボールペンなどを使って「箱」の中に書き入れてもらい、あとの正解と見比べてみてほしいと思っています。

　問題と解答が一問一答対応していますので、解答を何かで隠して、正解と思うもの（訳など）を書き入れてみましょう。

　書き終えたあとで正解を見て、何が違ったのかを確認していただければいいと思います。そして合っていたら「すごい！」と自分をほめてあげましょう。点数も付けてみてください。

　全体的にクイズ形式で楽しみながらやっていただければけっこうです。

※「訳」や「訳す」について

　本書では「訳は…」とか「訳し方は…」と説明していますが、もちろん英文を正しく理解することが目的です。

　実は、「訳し方のパターンに当てはめることで ☞ 作者の言いたいことが ☞ 正しく理解できるようになる」のです！

　ぜひお楽しみに。くわしくは本文で述べています。

前著との違い

　本書は前著『超・英文解釈マニュアル』(研究社)の読者の方にもぜひ読んでいただきたいと思っています。テーマが大きく違うからです。

　特に前著を読んでもわからなかった人、読めるようにならなかった人に読んでいただきたいと思っています。

　本書を執筆するきっかけになった出来事がありました。

　知人の本棚に私の本があったので、「買ってくれたのですね」と言うと、「買いました。この本は素晴らしいですね」と応えてくださいました。

　ここまではよくある話なのですが、次の言葉に絶句しました。

　「でも先生、この本だけでは読めるようにならないよ」…

　そう言われたのです。私はこの言葉の意味をずっと考えていました。

　読めるようにならない？　なぜかな？　あとは何が必要なのか…。

　そしてそれを確かめるために、大学生に授業をしてみることにしました。

　英字新聞や経営系の論文、雑誌の英語などビジネスの英語を私の方法を用いて授業で半年間教え、読めるようになるかを試してみることにしました。

　最初の1、2年はあまりうまくいきませんでした…

　くわしくは巻末の「あとがき」に書きますが、やはり前著の情報だけではいろいろと不都合が起こることがわかってきました。「この本だけでは読めるようにならない」の意味が少しずつわかってきました。

　そこで毎年少しずつ工夫しながら3年目に大幅に教え方を改善したところ、とてもよい反応でした。授業後も「英語が読めるようになった」「今までで最高の授業」など、よいコメントを書いてくれるようになりました。

　そして今までの集大成として、4年目の授業で、ついに「これなら読める」という方法を見つけ、試したところ、ほぼ全員が読めるようになり、最後の期末試験ではほとんどの学生が満点をとりました。訳も完璧にできている学生も多くいて、自分でも驚きました。

授業では、教えて→訳してもらい…を繰り返していましたが、完璧に訳してくるようになり、「すごい！　すごい！」と思わず口から出るようになりました。

　最後の授業後の感想でも「英語が超苦手だった私が今スラスラ読めている。信じられない」などのコメントが相次ぎました。授業評価でも受講者全員がほぼすべての項目で最高点の5点をつけてくれました。これはきわめて異例のことです。

　本書はその4年目の授業を書籍として再現したものです。皆さんにもぜひこの感覚を味わってほしいと思っています。

　お楽しみに。

※ 前著『超・英文解釈マニュアル』とのくわしい違いについて、つまり4年間の授業でどのように改善していったのかについては、今ここでお話ししてもわかりにくいと思いますので、最後にまとめて「あとがき」で記します。

第1章

「英語が読める」とは？

- **PART 1 「意識改革」編**
  ここでは、あなたが英語を読めない理由、そして私たちの本当の
  ゴールについて考えます。
  英語が読めるようになる考え方がわかり、あなたの意識が変わり
  ます。

- **PART 2 「英語の重要な特徴」編**
  誰も気づいていない英語の重要な特徴を紹介します。
  この特徴を知っていれば初めて見る文でも読めるようになります。
  ある意味、この本の一番重要な部分です。

- **PART 3 「前半の読み方」編**
  ここでは本書の骨子である「英語の文の前半の読み方」の基本的
  ルールを紹介しています。
  設計図の使い方など基本をしっかり押さえてください。

※授業を受けるつもりで読んでください。
※この章では仮の受講者（私の話し相手）として、AさんBさん
　Cさんが出てきます。

PART **1** 「意識改革」編

§**1.** ウォーミングアップ

　この本は私の勤務する大学の学生を相手に行った15回の授業を、一般の方にもぜひ読んでいただけるよう書籍として編集し再現したものです。

　どんな授業だったか？

　大学が15回の授業の最後に行ったアンケートでは、5段階評価で「4.93」という平均スコアを記録したそうです。
　受講者のほぼ全員が、すべての項目で最高点の5点をつけてくれたことになり、その学期の全授業の中でナンバーワンだったとのこと。
　まさかこんなに高い数字とは驚きました。

　次のページに受講者の感想を掲載しておきます。
　「英語が読めるとはこういうことだったのか！」など、これらを見ると、今までの英語の授業と違っていたこと、知識が増えたというより、まさに考え方が変わったこと、意識改革が起こったことがよくわかるのではないでしょうか。

　おそらく読者の皆さんも、読み進めるうちに同じような感想を持つのではと思います。
　それを期待しながら、本書の授業をスタートさせることにしましょう。

【 受講者の声 】

「今まで受けた英語の授業の中で間違いなくナンバーワン」

「中学高校で受けていたら人生が変わっていた」

「英語が超苦手だった私が今スラスラ読めていることに感動」

「中学高校の先生はズルいと思う。こんなすごい方法があるなら教えてほしかった」

「英語が読めるとはこういうことだったのか!」

「英語ってこんなに簡単だったのですね」

「今まで、ただ単語が並んでいるだけにしか見えなかったが、今は並んでいる意味がわかる。感謝です」

「たった半年でここまで変わるとは信じられない。ありがとうございました」

「初めて英語の授業が楽しいと感じています」etc.

意識改革 ❶

あなたに必要なのは、知識を増やすことではなく

☞ 意識を変えること、考え方を変えること

☞ そうすれば、あなたも英語が読める人になれる!

§2.「自分なりに訳して」の不思議

それではさっそく授業にうつりましょう。

皆さんは今まで、例えば高校までの英語の読解の授業ってどんな感じでしたか？

　　Aさん　「先生が英文を読んで、当てられて訳してみろと言われて、自分なりに訳して、先生が正解を言う感じ?」
　　Bさん　「教科書の英文を自分なりに訳していって、先生が授業で解説してくださるという感じ?」

そうですよね。今までの授業ってそんな感じですよね。

つまり、教科書の英文を自分なりに訳して、先生が解説をして正解の訳を言うという授業ですね。

自分なりに訳して

先生が正解を解説

でも、これっておかしくないですか？

そもそも「自分なりに訳して」っておかしいですよね。そこを教えてほしいのに…。

本来は「正しい訳し方」を教わって、その方法にならって自分で訳すというプロセスが必要のはずですよね。そうすれば先生の解説は不要になるので…。

つまり、本当の先生の役割は「自分なりに訳して」の"前の段階"なんですよね。

ここを教えるのが
本来の先生の役割

「正しい訳し方」を習って

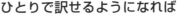

ひとりで訳せるようになれば

先生の解説は不要になる!

予習の段階で正しい訳し方って習ったことある？

　　皆さん　「予習の段階で？ ないです」

そうですよね。
　本書は、その正しい訳し方をあなただけにこっそり教えますので (笑)、ぜひ
マスターしてください。
　そうすれば先生の解説は不要になりますね。

　　皆さん　「お願いします!」

ずっと先生がそばにいないと、正しい訳がわからないなんて嫌ですよね。
英語の先生に一生そばにいてほしいですか？

　　皆さん　「たしかに嫌ですね (笑)」

意識改革 ❷

「自分なりに訳して」の前に
☞「正しい訳し方」を習って
☞ 先生の解説を不要にすることが

本書の目的!!!

§3. 本当のゴールとは?

つまり、今までは教科書の英文をただ先生が解説をしてくださるという感じですね。学校では、先生が教科書の英文の解説をして生徒がそれを聞くことがゴールになってしまっています。

　　Aさん 「それでいいのでは?　おかしいのですか?」

でも、それで読めるようになりましたか?

　　Aさん 「まったく (笑)」
　　Bさん 「解説を聞いているとわかるのですが、いざ自分で読もうとすると、
　　　　　 さっぱり読めないですね」

この方法だと教科書の英文は確かに完璧に読めるようになるかもしれません。
しかし、入試や英検や TOEIC® の問題は教科書の英文から出るのですか?
実は教科書の英文だけは使ってはいけないのですよね。
例えば、○○高校の教科書の英文が東大の入試英文に出たら大問題ですよね。
なにか癒着があるのかと思われますから。

　　皆さん 「たしかに (笑)」

つまり、**入試英文も英検も TOEIC® も、すべて試験場で初めて見る文が自力で訳せるかを問われるのですね。そこにギャップがあるのです。**

　　学校　　　= 教科書の英文だけ解説
　　入試など = 教科書の英文だけは出してはいけない

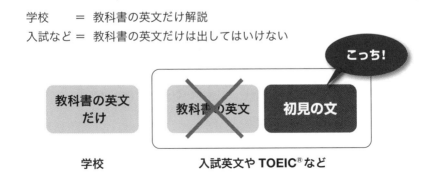

つまりゴール設定が間違っているのですね。

目指すべきところがずれているのです。

本当のゴールは、初めて見る文（それまで習っていない文）を自力で訳せるようになることであり、それがあなたの目的ということなのです。

違いますか？

　　皆さん　「なるほど、そうか*!*」

それに気づいた人が

　　難関大学に合格する人であり、

　　英検に合格したり、

　　TOEIC® で高得点を取る人

なのです。

私も大学受験の浪人時代にようやくこの事実に気づきました。

教科書の英文の解説を有り難く聞いて丸暗記している人ではなく、初見の文を自力で読める人が、英語が読める人と呼ばれるのですね。

意識改革 ❸

「初めて見る文」を「自力」で訳せるようになることが

☞ **本当のゴールであり**

☞ **あなたの目的！**

§4. あなたが「初めて見る文」を読めない理由

例えば、次の文は皆さんにとって「**初めて見る文**」ですよね。

> For thousands of years, marriage had been a primarily economic
> and political contract between two people, negotiated and
> overseen by their families and communities.　　　　(早稲田大・法)

この「初めて見る文」が「自力」で読めるようになればいいわけです。

まずは質問です。

質問　この文の何がわかれば「読めた」ことになると思いますか？
　　　　単語の意味はすべて書いておいたとしたら、あとは何が必要？

　*A*さん　「いわゆる文法ですか?」
　*B*さん　「構文かな、たしか構文を暗記しないとだめですよね?」
　*C*さん　「文の構造だと思います」

さすがですね、皆さん合っているといえば合っているのですが、具体的には
どういうことでしょうか。「文法」って何？

今度は皆さんに問題です。

問題1　次の日本語を英語に直してみてください。

　学校　☞ _____

　*A*さん　「それくらいわかりますよ、スクールですよね」

そう、正解は school ですね。これは簡単。

　学校　☞ school

問題2 では次の英語を書いてみてください。

学校は ☞ _____

Aさん 「学校は? 『は』って英語で何と言うんでしたっけ?」

そう、「学校」ではなく「学校は」ですよ。わかりますか？
前に教えた人で「歯 (tooth)」と書いた人がいましたが (笑)。

問題3 では次の英語を書いてみてください。

学校を ☞ _____

Bさん 「学校を? 『を』って英語で何と言うの?」

そうですね、わかりますか？　尻尾の尾でしょうか ???

問題4 次の英語は？　書いてみてください。

学校で ☞ _____

これも書けないと思います。
つまり、皆さんが英語を読めない理由、それは

**中学高校と6年間も英語を習っているのに
「てにをは」を習っていないから**

なのです！
「は」は英語で何という？　「を」は？
実は誰も知らない、誰も習っていないですよね。

意識改革❹

**あなたが「初めて見る文」を読めない理由
☞ それは「てにをは」を習っていないからなのです！**

§5. 「単語＋てにをは」で訳が完成

今日の新聞を読んでみてください。
「は」が出てこない文章ありますか? すべての文についていますね。
「を」もそうですね。出ていない文をさがす方が難しい。
同じく「で」や「に」もたくさん出てきているはずですね。
これらがなければ文は成り立たないですよね。

　　Aさん 「でもそれは日本語の話ですよね。英語と関係があるの?」

皆さんは、英語を正しく理解して、正しく訳せるようになりたいわけですよね。
つまり、**訳とは日本語を書くわけ**です。
　英語と、訳すときの「てにをは」との関係がわからないと日本語訳は書けない
ですよね。
　日本語訳に「てにをは」は不可欠なので。例えば

　　　　　　　　　　… school …

ある文にこのように書いてあったらあなたはどう訳しますか?

　　Aさん 「え? 『学校』ですよね」

そうですか? 「学校」とだけ訳すことはありますか?
　日本語に訳すなら「学校は」とか「学校を」とか、いわゆる「てにをは」を付け
て訳さないといけないのです。
　辞書には「学校」としか書いてないですね。誰の辞書にもそう書いてあります。
東大生の辞書だけ特別ではない。やはり「学校」と書いてある。
　問題は付ける「てにをは」の方なのですね。
　どんな「てにをは」を付けて訳せばいいかまでは辞書に載っていないのです。

　　Aさん 「そこに差がつくわけですね」

そうです。つまり「学校は」が正解のときと「学校で」や「学校を」が正解のと
きがあるということです。

正解の「てにをは」がわかる人が英語の読める人なのです。

　Bさん　「正しい『てにをは』の付け方があるということですか?」

その通り。
　訳というのは単語に「てにをは」を付けていく作業なのです。「日本語に訳す」わけですからね。
　それ以外何がありますか?
　つまり、前回「単語以外に何が必要?」とたずねましたが、単語以外に必要なのは「てにをは」だけなのですね。

schoolが「学校」とわかることではなく(それは辞書に載っている)
「学校は」なのか「学校を」なのか「学校で」なのか、
付ける「てにをは」がわかる人が英語が読める人

なのです。

　それに気づくかどうかが重要。
　つまり「初めて見る文」の正しい「てにをは」の付け方を習うべきなのです。それが英語を教える先生の本来の役割のはずですね。

　Aさん　「なるほど、それなら入試英文も英字新聞も読めますね」

意識改革❺

単語に正しい「てにをは」を付けて訳せるようになれば
☞ 英語はおしまいです。

それが英語が読めるということ!

§6. 「テキトー」から「正しく」へ

英語の文は、単語 (のカタマリ) が「てにをは」無しに並んでいる感じなのです。
なので「日本語に訳す」とは、それに「てにをは」を付けて行くことなのです。
「てにをは」の付け方にはパターンみたいなものがあるのです。
それはだいたい決まっていて、読む前からわかっている。
単語の意味がわからなくても、「てにをは」を付けることはできるということ。
「初めて見る文」でも事前に訳し方がわかっているので読めるのです。
　なので、単語の意味以外は、その「てにをは」を決めていくのが、初めて見る
文を訳すという作業なのです。
　正しい「てにをは」を付けて訳せるかが問われるわけです。

単語の意味以外は、正しい「てにをは」を付けて訳せていれば OK

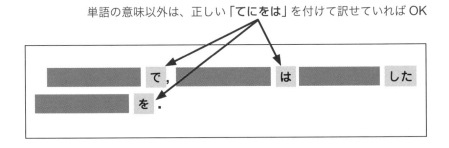

例えば、英語が読める人の見えている世界はこんな感じです。

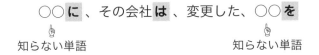

○○**に** 、 その会社**は** 、 変更した、 ○○**を**
　　　　☞　　　　　　　　　　　　　　　　☞
　　知らない単語　　　　　　　　　　　知らない単語

単語はわからなくても、付ける「てにをは」はわかるという状態。
だったらあとは、○○のところの単語の意味を調べたら読めます。

バブル時代に、 その会社は、 変更した、 給与水準を

これなら意味がわかりますよね。

　Aさん　「先に『てにをは』の方がわかるということ?」

そうなんです!　逆に英語が読めない人の見えている世界はこんな感じです。

　神社、田舎、娘、行く、街、笑う、飛行場、...

単語だけが並んでいる状態ですね。
　そのあとどうしたらいいかわからない。結局、自分なりにテキトーにつなげて、変な日本語にするしかないですね。
　これだと一生英語が読めない。
　この "テキトーにつなげる" とは、自己流 (フィーリング) で「てにをは」を付けていっているだけですね。

　神社は?　神社で?　娘は?　娘を?　行った、街に?...

皆さん今までどう訳していましたか?

　Aさん　「たしかに今までテキトーに『てにをは』を付けて訳していました」

そう、

　今までテキトーに付けていた「てにをは」を
　正しく付けられるようになれば、英語はおしまい

なのですね。
　自己流ではなく、正しい「てにをは」の付け方を習えばいいだけですね。

意識改革 ❺

　今まで自己流でテキトーに付けていた「てにをは」を、
　☞ "正しく" 付けられるようになろう。
　☞ それがあなたの目指すべきゴールです!

§7. "1文"とは

というわけで、これから紹介するのは1文の読み方です。

　皆さん　「1文?」

　英語の「1文」とは「"**大文字で始まり、ピリオドで終わる**"カタマリ」のことなのです。

例えば、This is a pen. や I love you. は1文ですね。
一方、先ほどp.22で紹介した早稲田大学の入試問題のような長い文もそうです。

大文字で始まり

For thousands of years, marriage had been a primarily economic and political contract between two people, negotiated and overseen by their families and communities.

ピリオドで終わっている

大文字で始まって、ピリオドで終わっていますよね？

　Bさん　「たしかに!」

この早稲田の1文には実はいろいろな特徴があるのです。

それがわかれば、こんな長い文も読めるようになるのです。

　Ｃさん　「特徴?」

はい、読む前からわかっている特徴のようなものがあるのですね。

　そして、早稲田の文は3行に渡っていますが、社会人というかビジネスパーソンというか、普通の大人が読む文章というのは、たいがい1文がこのように2行から3行にわたる場合が多いのです。
　なので、「まずは短い文から始めましょう」とか言って、短い文ばかり解説してある英語の本が多いですが、意味がないのですね。
　こういう2〜3行にわたる1文をどう読むかが重要なのです。

　Ａさん　「たしかに長い文になるとさっぱりわからないですね。いったいどう単語をつなげばいいのかわからなくなる」
　Ｂさん　「でもいきなりこんな長い文、読めますか?　短い文の練習から始めた方が…」

逆です。**短い文の練習をしても長い文は読めるようになりません。**
　そうではなく、長い文もその「特徴」がわかれば読めるようになるのです。
　長い文には今まで誰も言わなかった重要な特徴があるのです。それを次のPART 2で紹介しましょう。

意識改革❻

英語の「1文」とは
☞「"大文字で始まり⇨ピリオドで終わる" カタマリ」
のこと。
☞ その「特徴」がわかれば長い文も読めるようになる!

PART 2　「英語の重要な特徴」編

§8. 英語が読めるようになる超重要ポイント

　ではここからは具体的に、前編の最後にふれた「特徴」についてお話ししていきたいと思います。

「1文」に隠された「重要な特徴」とは何なのでしょうか？

○○○○○○○○○○○○○○○○○○○○○○○○○○○○
○○○○○○○○○○○○○○○○○○○○○○○○○.

☞
英文

例えば、ここに上のような英文があるとします。

1文ですが、2行にわたっていますね。

このような実際の英語を具体的にどのように読めばいいのでしょうか？

ここからとても重要な話をしますよ。

皆さんに質問です。次の空欄を埋めてみてください。

【問題】　空欄を埋めよ。

　英語の文は実は、（　　　　）と（　　　　　）に分かれている！

↑
あなたの答え、書いてみて

この問題があなたの人生を変えるかもしれません。

　Aさん　「そうなんですか?　そんなに重要?」

はい。いろんな答えがありそうですが...

　Aさん　「『単語』と『文法』に分かれている?」

　　　　　… なるほど、一番多い答えですね。

　Bさん　「『主要な要素』と『補足的な要素』に分かれているとか?」

　　　　　… なるほど、これも多いですね。ある意味正解ですが。

　Cさん　「『単語』と『熟語』と『構文』に分かれている?」

　　　　　… そういう答えも過去にありました。

しかしどれも違うのですね。正解は、

　英語の文は実は、(　前半　)と(　後半　)に分かれている!

です。
実は**これがわかると英語が読めてしまう**のですね。

前半

○○○○○○○○○○○○○○○○○○○○○○○○ / ○○○
○○○○○○○○○○○○○○○○○○○○○○○○○.

後半

そして、特に「前半」が重要なのです。

特に「前半」が重要

○○○○○○○○○○○○○○○○○○○○○○ / ○○○
○○○○○○○○○○○○○○○○○○○○○○.

後半

知っていましたか?
これが英語が読めるようになるかならないかの重要ポイントなのです。

英語の重要特徴 ❶

英語の文は実は、「前半」と「後半」に分かれている!
特に「前半」が重要!

§9. なぜそれが重要?

「英語は前半と後半とに分かれている」

これがわかっている人が   ☞   英語が読める人
　　わかっていない人が   ☞   英語が読めない人

なのです。

Ａさん 「知らなかった。今まで一度も聞いたことないですね。」
Ｂさん 「でもそれがなぜそんなに重要なんですか?」

「前半と後半に分かれていることがそんなに重要なの?」と思うかもしれません。でも、これが実は重要なのです。
　なぜなら、英語は、「前半」に「何を書くか」が決まっているからです。
　実は英語は明確に「前半」と「後半」が分かれていて、「前半」に何を書くかが決まっているのですね。
　つまり、読む前から何が書いてあるかわかっているのです。
　だから、明日の英字新聞など初めて見る文でも読めるのです。
　何が書いてあるか事前にわかっているのですから。
　これはもちろん後半も同じですね。

英語は、「 前半 」に何を書くか
　　　「 後半 」に何を書くか、決まっている言語

ということですね。

英語の重要特徴 ❷

英語は、 前半 に 何を 書くか
　　　 後半 に 何を 書くか
あらかじめ決まっている (読む前からわかっている)

§10. 重要なのは「前半」?「後半」?

Aさん 「前半に書くことが決まっている???」

そうなんです。

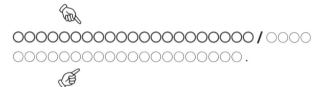

前半 ··· 読む前から何が書いてるかわかっているのだ!

○○○○○○○○○○○○○○○○○○○○○○ / ○○○○
○○○○○○○○○○○○○○○○○○○○○○ .

後半 ··· 後半も同じ

日本語だと考えられないですよね。
日本語に前半とか後半とかの概念はありません。
自由に文を作っていいですよね。

しかし、英語は実は、どんな短い文でもどんな長い文でも、「前半」と「後半」
が明確に分かれていて、それぞれに何を書くかが決まっているのですね。
この性質を利用すると実は簡単に読めてしまうのです。

Bさん 「たしかに。読む前からわかっていたら読めそうですね」

その通り。
そしてなんといっても

重要なのは「 前半 」です!

ここに重要な情報が書いてあるからです。

ということで、この授業ではまず前半だけ読めるようになってもらいます。

「英語はまず " 前半 だけ" 訳しなさい！」

という感じですね。
ここだけ訳せるようになればまずは卒業です。

「前半読み」をマスターしよう！

○○○○○○○○○○○○○○○○○○○○○ / ○○○○
○○○○○○○○○○○○○○○○○○○○○○ .

まずはここまでにしておきましょう。
くわしくは次回からお話ししていきたいと思います。
お楽しみに。

英語の重要特徴 ❸

重要なのは、「前半」！
まずは " 前半だけ " 訳せるようになろう。

ここで確認テストをやってみましょう。次の空欄を埋めてください。

確認テスト

(1) 英語のすべての文は実は、（　　　　）と（　　　　）に分かれている。

(2) 特に（　　　　）が重要。

(3) 英語の文は、（　　　　）に（　　　　）書くか
　　　　　　　　（　　　　）に（　　　　）書くか
　　明確に決まっている!
　　つまり、読む前から何が書いてあるかわかっている。

(4) この性質を利用すると、英語は簡単に読めてしまう。

(5) この本ではまず（　　　　）だけ訳せるようになってもらいます。

わかりましたか?　　正解はこうですね。

確認テスト：正解

(1) 英語のすべての文は実は、（　**前半**　）と（　**後半**　）に分かれている。

(2) 特に（　**前半**　）が重要。

(3) 英語の文は、（　**前半**　）に（　**何を**　）書くか
　　　　　　　　（　**後半**　）に（　**何を**　）書くか
　　明確に決まっている!
　　つまり、読む前から何が書いてあるかわかっている。

(4) この性質を利用すると、英語は簡単に読めてしまう。

(5) この本ではまず（　**前半**　）だけ訳せるようになってもらいます。

ここまでは大丈夫ですか?
わかりましたか?

§11. 「前半」に何が書いてあるの？

前回、**英語は前半と後半に分かれている**と言いましたね。

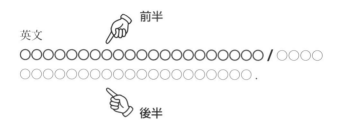

そして、英語は実は

「前半に何を書くか」、「後半に何を書くか」が決まっている！

と言いました。では、前半には何が書いてあるのでしょうか？

前半には、（　　　　　　）、（　　　　　　　）と書いてある

空欄がわかりますか？　考えてみてください。
正解はこうですね。

前半には、（　何かは　）、（　何かした　）と書いてある

後半は前半に応じていろんなパターンに分かれますが、
前半に関してはワンパターン、例外はあるが実は原則すべて同じなのです。
これから出会う文に書いてあることは、もうわかっているのですね。

```
━━━━━━━━  英語の重要特徴 ❹  ━━━━━━━━

  英文の前半には、 何かは 、 何かした と書いてある！
                                    （全文共通）
```

§12. 主人公とその行動

つまり、

> **文の「主人公」が出てきて、**
> **その主人公が「何かする」のが前半**

なのです。知っていましたか？

　　*A*さん　「知らなかったです。そんな決まりがあったとは...」

そうですよね。「主人公」とその「行動」(何をしたか) が書いてあるのが前半なのです。
　英語は前半に主人公とその行動を書くことになっているのです。
　前半が重要と言った意味がわかりましたか？
　何と言っても文の主人公が出てくるわけですからね。

　　*A*さん　「たしかに。主人公か…」

つまり、**物語の主人公が出てきて、何かの行動をする...**
　それが前半の世界なのです。
「主人公は必ず前半にいる！」(後半にはいない) ということですね。

　前半には必ず**主人公**と**行動**の部分があるので、前半を読むときはそれを確定させるのがもっとも重要な作業になるのです。**(単語の意味以外はこれが重要)**

主人公	行動
「これが主人公か	これがその行動部分だな」

　　*B*さん　「書いてあることがわかっていると楽ですね」

例えば、

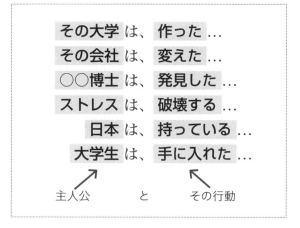

これが前半の世界です！

※ こうなると「何を作った？」「何を変えた？」などと思いますよね。
だから後半は「何を」を書くことになっているのですね。
後半は「何を」の世界です。（後半については第4章でふれます）

英語の重要特徴 ❺

英文の前半には、何かは 、何かした の部分が必ずある。
= =
つまり、主人公 とその 行動 の部分が必ずある！

主人公 は、行動 した...

これが前半に書いてあること

§13. 「は」は前半!

つまり、どの単語 (のカタマリ) に「は」を付けて主人公として訳すのかが、前半の最大のテーマになる、ということですね。

「は」を付けるべき単語 (のカタマリ) は必ず前半にいる!ということですね。ここまでは大丈夫ですか?

    Aさん 「*そういう文が多いということではなく、そういう決まりになっているということ?*」

その通り。

公的な文章、例えば新聞とか、雑誌の文とか、論文とか、そういった公的な文章は、必ずこのルールで書かないといけないことになっているのです。

だから**公的な文章なら簡単に読めてしまう**のです。

    Bさん 「*公的な文章?*」

絵本とか歌詞とかじゃない普通の文章のこと。例えば、入試英文も英検も TOEIC® の問題文も全部公的な文章です。これらの試験では公的な文章が読めるかどうかが問われるのです。

つまり、**前半は、誰・何かが、何かをやらかします**ので、
誰・何が 、 **何をやらかしたのか** 、がつかめればいいのですね。

    皆さん 「*なるほど (笑)。わかりやすい*」

物語が始まっていくのが前半です。

どんな**主人公**が出てきて、どんな**行動**をしたのか...、と思って読んでください。

これらはもう読む前からわかっているのです。

だから初めて見る文でも自力で読めるのですね。

そして、**文の中で物語の主人公はたった1つのみ。**

主人公の単語（のカタマリ）は1文の中に必ず1つだけです（複数は不可）。

そのたった1つしかない主人公は、必ず前半（それも先頭付近）にいるということです。

これはぜひ覚えておいてください。

　　「は」は ☞ **必ず前半の単語（のカタマリ）に付ける**

ということ。これが英語を読むときの鉄則です。

英語の重要特徴 ❻

どの単語（のカタマリ）に「は」を付けて訳すのかが、
前半の最大のテーマ！

「は」を付けるべき単語（のカタマリ）は
☞ 必ず前半にいる！

§14. 前半はどこで終わる?

> Aさん 「『は』を付ける単語はたった1つだけか、知らなかった」
> Bさん 「それも必ず前半なんですね」

その通り。
そしてもう一つ、重要なことを言いましょう。
それは、

「主人公」が出てきて、
何か「行動」をするところで終わるのが前半

なのですね。
そう、**前半は、主人公の「行動部分」で必ず終わる**ということ。

つまり前半とは、「文の先頭から、主人公の行動部分まで」ということですね。
前半の最後は、行動部分、いわゆる動詞部分で終わっています。
なので、実は簡単にどこまでが前半かわかってしまうのです。
前半の終わりが明確に決まっているのが英語なのです!

前半の「終わり」は必ず主人公の「行動」部分!
「○○した」で終わる

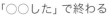

なので、どこまでが前半か簡単に見抜ける!

どうですか? 徐々に自分にも読めると思い始めたのでは?

> Aさん 「中高と6年間も英語を習ったけど初めて聞きました」
> Bさん 「こんなルールがあるならもっと早く教えてほしかった!」

そう、これもそういう決まりになっているのです。最初に言うべきですよね。

すべての英文がそうなっているのですから。知らなかった？

では、ここまで確認テストをしてみましょう。次の空欄を埋めてみてください。

確認テスト：まとめ

◎ 前半に書いてあること

1. 前半には「何かは」「何かした」と書いてある！（全文共通）
2. 文の「(　　　　　)」が出てきて、何か「(　　　　)」をしたところで
　 終わるのが前半。
3. つまり「(　　　)」を付けるべき単語（のカタマリ）は必ず前半にいる。
　 だから前半が重要。

正解はこうですね。わかったでしょうか？

確認テスト：まとめ（正解）

◎ 前半に書いてあること

1. 前半には「何かは」「何かした」と書いてある！（全文共通）
2. 文の「(　主人公　)」が出てきて、何か「(　行動　)」をしたところで
　 終わるのが前半。
3. つまり「(　は　)」を付けるべき単語（のカタマリ）は必ず前半にいる。
　 だから前半が重要。

英語の重要特徴 ❼

「主人公」が出てきて、その「行動」部分で終わるのが

☞ **前半**

「前半の終わり」が明確に決まっているのが ☞ **英語**

（前半 ＝ 文の先頭～主人公の行動部分まで）

§15. 前半の登場人物は2つだけ?

前半の登場人物は、主人公とその行動部分でした。

貿易赤字 は 拡大し た...

災害 は もたらし た...

など。
この2つがわかるかどうかが、前半の最大のポイントですね。

それでは、前半は主人公とその行動だけしか出てこないのでしょうか?
いえいえ、登場人物は、あと2ついます。

　皆さん 「あと2つ?」

はい、これを習っていないので読めないのですね。

　Aさん 「確かに知らないな、それも2つと決まっているの?」

そうなんです。明確に決まっているのです。

実は、主人公と行動以外に、

　（ イントロ ）と（ 主人公の説明 ）という2つの登場人物

がいます。
これは付けても付けなくてもいい要素なのです。
なのでカッコ付きにしておきました。
付ける位置も決まっています。

　（ イントロ ），主人公，（ 主人公の説明 ），行動...

こんな感じで書ける位置も決まっているのですね。

　　皆さん 「イントロ?　主人公の説明?」

　今はまだ何のことかわからないと思いますので、これからそれぞれ説明していきましょう。

　　皆さん 「お願いします!」

英語の重要特徴 ❽

前半は、主人公と行動以外に、
（イントロ）、（主人公の説明）という登場人物がいる。

☞ これは付けても付けなくてもいい要素

☞ 付ける位置も決まっている

（イントロ），主人公，（主人公の説明），行動...

§16. 「イントロ」って何?

まずはイントロです。

文は主人公から始まるのが原則なのですが、その前に「いつ、どこで」などと**場所や時などの説明**をつけることが許されているのです。

「むかしむかしに、あるところで、」というやつですね。

私は最初にあるので「イントロ」と名付けています。

例えば、

(学校で)、	その少女は…
(休み時間に)、	その少年は…
(アメリカで)、	人々は…
(1970年に)、	その男性は…
(教室で、授業中に)、	先生は…

　　　　　　　イントロ　　　　　　　**主人公**

時や場所などの説明

つまり、「で」や「に」を付けて訳すのがイントロですね。

主人公　☞「は」を付けて訳す
イントロ　☞「で」や「に」を付けて訳す

土台の「主人公は」「行動した」は変わっていないのですが、それにイントロが付くパターンもあるということです。

すると、次のようなパターンになります。

　　　　　　主人公 は、 **行動** した　☞ もっともシンプル

(イントロ)で、 **主人公** は、 **行動** した　☞ イントロ付き

皆さん 「なるほど」

「主人公は」「行動した」というシンプルパターンが前半の1つ目のパターンとすると、イントロ付きは前半の2つ目のパターンということですね。

土台の「主人公は」「行動した」の部分は必ずあって、これに少しずつ情報が加わっていく感じですね。

なので訳はこんな感じになります。

主人公 は　行動した　☞ シンプル

... (いつどこ) で、主人公 は、行動した　☞ **イントロ付き**

これがイントロ付きで、実はもっとも頻出するパターンの1つです。

アメリカ**で**、○○博士は、発見した...
日本**で**、経済成長は、続いた...
1985年**に**、アメリカは、変えた...

...などなど。

時や場所の説明から入って、主人公が出てきて、というのが、論文や英字新聞など普通のビジネスパーソンが読む文 (つまり公的な文章) の定番ですね。

イントロ付き、理解できましたか?

　*A*さん　「たしかに、『学校で、』みたいに始まる英文もありますね」

英語の重要特徴 ❾

「イントロ」とは

☞ 文の先頭にある「時や場所などの説明」のこと

☞ つまり、「で」や「に」を付けて訳すもの

「むかしむかしに、あるところで、」

主人公 は、行動 した　☞ もっともシンプル

(イントロ) で、主人公 は、行動 した　☞ イントロ付き

§17. 「主人公の説明」とは?

それでは次の「主人公の説明」とは何でしょうか?
英語は、「主人公は」と言っておいて、後から説明を付けることができるのです。

その男 **は**、（ アメリカ第45代大統領 ）、述べた…

これは実は「主人公の説明」

こんな感じで、主人公と行動の間に入っている場合、基本的に、
「主人公の説明を付けた」
ということなのです。これは付けても付けなくてもいい要素です。

その女性は、（○○**会社の社長**）、買った…
その少女は、（**コンビニで昨日出会った**）、怒っていた…
その少年は、（**クラスの学級委員長**）、歌っていた…

これが前半の3つ目のパターンです。
訳としては、日本語は前から説明するので、

…（なになに）の主人公は、行動した

という感じの訳になりますね。

Aさん 「日本語は前から説明、英語は後ろに付け足す、か…」

訳はこんな感じになります。

主人公 **は** 行動した ☞ シンプル
…（いつどこ）**で**、主人公 **は**、行動した ☞ イントロ付き
…（なになに）**の** 主人公 **は**、行動した ☞ **主人公の説明付き**

主人公の説明を補う（前に付ける）

なので主人公の説明は「...の○○」の「の」という感じですね。

英　語：その男 は 、（アメリカ第45代大統領）、述べた...

⬇

日本語：**アメリカ合衆国第45代大統領** の 男 は 、述べた...

英　語：その女性 は 、（○○会社の社長）、買った...

⬇

日本語：**○○会社の社長** の 女性 は 、買った...

英　語：その少女 は 、（コンビニで昨日出会った）、怒っていた...

⬇

日本語：**昨日コンビニで出会った少女** は 、怒っていた...

この「主人公の説明付き」も英文で頻出する定番なのでぜひ覚えてください。
　重要なことは「主人公は、行動した」の基本は変わっていないということです。それに「主人公の説明」という情報が加わる感じ。

　皆さん 「なるほど!」

英語の重要特徴 ⑩

「主人公の説明」とは
☞ 主人公の後に出てくる、主人公の説明のこと
☞ 「主人公」と「行動」の間に入る

「...の○○」の「の」という感じ

主人公 は、行動 した ☞ もっともシンプル

（イントロ）で、主人公 は、行動 した ☞ イントロ付き

主人公 は、（主人公の説明）、行動 した ☞ 主人公の説明付き

---

§18. フルバージョン

　シンプル、イントロ付き、主人公の説明付きと前半の3つのパターンを紹介しましたが、もう一つありますね。
　イントロも主人公の説明も付くパターンです。すべて付くとこうなります。

（イントロ）で、主人公 は、（主人公の説明）、行動 した

　これをフルバージョンと名付けています。
　基本的に前半に書いてあることは**実はこの4パターンしかない**のですね。

主人公 は、 行動 した　　☞ もっともシンプル

（イントロ）で、主人公 は、 行動 した　☞ イントロ付き

主人公 は、（主人公の説明）、行動 した　☞ 主人公の説明付き

（イントロ）で、主人公 は、（主人公の説明）、行動 した

☞ フルバージョン

　つまり、**前半の訳（「てにをは」の付け方）はこの4パターンしかない**ということですね。

主人公は、行動した ☞ シンプル

…（いつどこ）で、主人公は、行動した ☞ イントロ付き

…（なになに）の　主人公は、行動した ☞ 主人公の説明付き

…（いつどこ）で、…（なになに）の　主人公は、行動した ☞ フルバージョン

　さらに整理するとこんな感じです。

主人公は、⎫

…（いつどこ）で、主人公は、⎬ 行動した

…（なになに）の　主人公は、⎭

…（いつどこ）で、…（なになに）の　主人公は、

　これが前半の世界、前半の訳なのです。実は単純なのですね。

初めから訳し方が決まっている感じです。

　これを知っていると英文を正しく理解できるようになります。訳のパターンに当てはめることで、作者が何を言っているか正しく理解できるようになるのです。

　要は**前半はこの4パターンのうちどのパターンなのかがわかればいいのです。**

英語の重要特徴 ⑪

前半は、「主人公」と「行動」が必ずあって、あとは（イントロ）や（主人公の説明）が付くかもしれない...

➡

ということは、前半の文の並び方は
この4パターンしかないということ

　　　　　　主人公 は、**行動** した　☞もっともシンプル
（イントロ）で、**主人公** は、**行動** した　☞イントロ付き
　主人公 は、（主人公の説明）、**行動** した　☞主人公の説明付き
（イントロ）で、**主人公** は、（主人公の説明）、**行動** した

　　　　　　　　　　　　　　☞フルバージョン

つまり、前半の訳はこの4パターンしかない！

　　　　　　主人公 は 、**行動** した　☞もっともシンプル
（いつどこ）で 、**主人公** は 、**行動** した　☞イントロ付き
（なになに）の　**主人公** は 、**行動** した　☞主人公の説明付き
（いつどこ）で 、（なになに）の **主人公** は 、**行動** した

　　　　　　　　　　　　　　☞フルバージョン

§19. NHKニュース

ここまでどうですか？

> Aさん 「うーん、途中まではついていけたのですが、だんだん難しくなりましたね」
>
> Bさん 「ちょっとよくわからないです...」

失礼しました。ちょっと一気に話しすぎましたね。
　要は、皆さんは訳してくださいというと、「フィーリングで」訳をしようとするのです。何の根拠もなく、こー訳そうか、あー訳そうか考えていませんか？
　そうではなく、**英語が読める人はパターンに「当てはめて」訳しているだけ**。
　訳のパターンがあって、そのどれかで訳せばいいのですね。訳のパターンに当てはめることで正しく理解できるのです。
　ちょっと例を出しましょう。NHK のニュースを考えてください。

　①「犯人**は**、逮捕されました」

これはもっともシンプルですね。
「誰 [何] は何したのか」だけなので、これが "シンプル" パターンです。

　②「昨日8時ごろ**に**、岡山県倉敷市**で**、犯人**は**逮捕されました」

これはどうですか？

> Aさん 「時や場所の説明が付いたのでイントロ付き?」

そうですよね。基本形に「いつ、どこで」が加わっています。
では次の文は？

　③「<u>指名手配中だった</u>犯人**は**、逮捕されました」

犯人の情報が加わりましたね。これは？

　　Bさん　「これが主人公の説明付き?」

そういうことですね。犯人に説明が加わっています。
そして最後これはどうですか?

　　④「昨日8時ごろ に 岡山県倉敷市 で 、指名手配中だった犯人 は 逮捕されま
　　　した」

　　Cさん　「これは、イントロも主人公の説明もついているから、フルバージ
　　　　　　ョン?」

そういうことです。英語の前半は実はこの4パターンの表現しかできないのです。
何が言いたいかというと、

「いつ・どこで・誰 [何] が・何したのか」

これが書いてあるのが前半なのですね。
　公的な文章の前半にはこれを書かないといけないことになっているのです。
そういう決まりになっているわけ。ニュースはこういう情報を必ず言わないと
いけないですよね。だから前半は「いつ・どこで・誰 (何) は・何したのか」と
思って読めばいいということです。

　　Aさん　「そうなんですか?　何が書いてあるか読む前からわかるというこ
　　　　　　と?　知りませんでした。これはすごい!」

その通り!　わかってもらえたでしょうか。

英語の重要特徴 ⑫

英語の文の前半には
☞「いつ・どこで・誰 [何] が・何したか」
　　が書いてあるだけ。**NHK ニュースのようなもの。**
※公的な文章には、必ずこれを前半に書くことになっている!

§**20.** 訳の公式

英文の訳し方に公式があるとすれば、当たり前ですが、

前半の訳 + 後半の訳 = 正しい訳

です。

なので、まずは文の前半の訳ができるようにしていきましょう。

つまり、**1文の前半と後半を明確に分けた方がいい**のですね。

初めのうちは前半部分を太字にしておきますので、その部分だけ読めるようになってもらいます。

次の第2章からさっそくやっていきましょう。お楽しみに。

英語の重要特徴 ⑬

☆ 訳の公式

前半の訳 + 後半の訳 = 正しい訳

まずは、このもっとも重要な「前半の訳」の作り方をマスターしましょう!

§21. 文法用語は使いません

もう皆さん気づいていると思いますが、

「主人公」というのが　　　☞「主語」とか「S」とか呼ばれるもの
（主人公の）「行動」というのが ☞「動詞」とか「述語動詞」とか「V」と呼ばれるもの

ですね。

　これから、「主人公」のことを「主語」とか「S」とかいう場合もありますが、それは「主人公」のことだと思ってください。
　同じく、「行動」のことも「動詞」とか「V」とかいう場合もありますが、それは「主人公の行動」のことだと思っておいてください。
　ただし「文法用語が出てくるとわからなくなる…」という人も多いと思いますので、**ほとんど使いません。**
　「**主人公**」、「**行動**」、「**イントロ**」、「**主人公の説明**」という言葉で、基本的にすべて説明したいと思います。

英語の重要特徴 ⑭

「 **主人公** 」 ☞「 **主語** 」とか「 **S** 」ともいう。
「 **行動** 」　 ☞「 **動詞（述語動詞）** 」とか「 **V** 」ともいう。

※ただし文法用語は今後ほとんど使わない。

それでは、ここまでのまとめです。。

PART 1「意識改革」編：まとめ

❏ **1.**「自分なりに訳して」の前に、「正しい訳し方」を習って、事後の**先生の解説を不要**にすること（予習段階で読めてしまうこと）が、本書の目的。

❏ **2.** 教科書の英文をすべて解説してもらうことがゴールではなく、**「初めて見る文」**が**「自力」**で読めるようになることが、あなたのゴール。

❏ **3.** あなたが「初めて見る文」が訳せないのは、英文を日本語に訳すときの「てにをは」との関係を習っていないからです。

❏ **4.** 単語に正しい「てにをは」を付けて訳せるようになれば、英語はおしまいです。それが「英語が読める」ということ。

PART 2「英語の重要な特徴」編：まとめ

❏ **1.** 英語のすべての文は実は、**前半**と**後半**に分かれている

❏ **2.** 特に**前半**が重要。

❏ **3.** 英語の文は、　**前半**に何を書くか
　　　　　　　　　　後半に何を書くか、明確に決まっている！
つまり、読む前から何が書いてあるかわかっている。

❏ **4.** この性質を利用すると、**英語は簡単に読めてしまう**のです。

❏ **5.** この本では、まず**前半**だけ訳せるようになってもらいます。

●● 前半の登場人物 ●●

❏ **6.** 前半には「**何かは**」「**何かした**」と書いてある！（全文共通）

❏ **7.** 文の「**主人公**」が出てきて、何か「**行動**」をしたところで終わるのが前半。

❏ **8.** つまり、「は」を付けるべき単語（のカタマリ）は必ず前半にいる。だから前半が重要。

❏ **9.** 前半の登場人物に「主人公」と「行動」は必ず必要。他に書いても書かなくてもいい要素として、「**イントロ**」と「**主人公の説明**」があり、前半の登場人物は合計4つある。

❏ **10.** 「イントロ」とは、主人公の前に書いてもよい「**時や場所などの説明**」のこと。ただし場所の説明が大半。

❏ **11.** つまり、「イントロ」は「てにをは」で言えば「で」や「に」を付けて訳すもの。

　　　　「今日午後8時頃 **に** 埼玉県○○市 **で**、○○ **は** …」

❏ **12.** 「主人公の説明」とは、主人公の**後ろ**に付ける説明のこと。英語では長い説明は後ろに付けるので、主人公と行動の間に入る。

❏ **13.** よって、前半に書いてあることは実はこの4パターンしかない。

　　　　　　　主人公 は、　行動 した　☞ シンプル

　　（イントロ）で、　主人公 は、　行動 した　☞ イントロ付き

　　　主人公 は、（主人公の説明）、　行動 した　☞ 主人公の説明付き

　　（イントロ）で、　主人公 は、（主人公の説明）、行動 した

　　　　　　　　　　　　　　　　　　　☞ フルバージョン

PART 3 「前半の読み方」編

§22. あなたのミッション

それでは具体的に前半をどうやって読んでいくかをお話ししますね。
まず前半でしなければいけないのは、

1. 主人公 の発見　（☞ 何が）
2. 行動部分 の発見　（☞ 何したのか）

ですね。

　　何かは　　何かした

というのが前半に書いてあるので、**何が何したのか**をつかんでください。
　つまり、主人公 (主語、S) の部分と、その 行動 (動詞、V) の部分があるので、
それを見つけるのが、あなたのやるべきこと (＝ミッション) になります。

前半の読み方 ❶

必ずある「主人公」とその「行動」部分を見つけることが
☞ **前半のミッション (あなたが必ずやるべきこと)**

---

§23. 専用設計図

というわけで、ここで秘密兵器の登場です。

前半は次のような**"設計図"**を使って読んでいきます。

【 前半の設計図 】

前半の登場人物は決まっていますので、このような設計図を使って（箱の中に書き込んで）英語の文を分類しながら読む方法をマスターしてください。

主人公とその行動の部分は必ずありますので、太枠にしてそれを示しています。一方、イントロと主人公の説明は必ずあるとは限らないので細枠になっています。

文法用語で言えば、主人公は「主語」、その行動は「動詞」（正確には述語動詞）ですので、このようにも書けますね。

また、主語は「S」、動詞は「V」とも言いますので、このようにも書けますね。

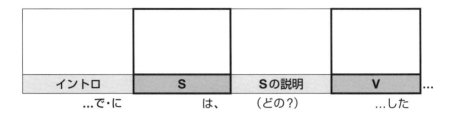

これらは全部同じ意味です。自分が使いやすいものでいいと思います。

本書では先に述べたように「**イントロ**」、「**主人公**」、「**主人公の説明**」、「**行動**」を基本にして説明していきます。

前半の読み方 ❷

前半の登場人物は決まっているので
☞ 前半の「専用設計図」を使って読んでいく

---

§24. まず最初にすることは?

それではこれからどうやって読んでいくかを言いますね。
まず最初にすることは、**"出だし"**の決定です。

"最初に"何が書いてあるかを特定します!

○○○○○○…

　　　　　　　　主人公 は、 行動 した ☜ もっともシンプル
（イントロ）で、 主人公 は、 行動 した ☜ イントロ付き

PART 2 の §15 (p.44) でこのように言いましたね。
つまり、実は英語の文の始まり方（"出だし"）は

① 主人公 から始まるか
② イントロ から始まるか　　☞ **2通りしかない!**

ということなのです。

ニュース原稿もそうですよね。

A「昨日午後8時頃に○○県○○市で、犯人は…」
B「犯人は…」

A は、**イントロ（時や場所などの説明）**から始まって、次に主人公ですね。
B は、**主人公**から始まっていますね。イントロは使っていませんね。

あなたがこれから出会う英文の"出だし"は、この2パターンしかないのです。
なので、これを見抜くことがあなたの最初の仕事になります。

> ## ステップ **1**
>
> 英文の "出だし" 部分を $\left[\begin{array}{l}① イントロか \\ ② 主人公か\end{array}\right]$ に分類する。

これが最初のステップ（手順）になります。

主人公？　イントロ？

〇〇〇〇〇〇〇…

Bさん　「そうなんだ、全然知らなかった!」

前半の読み方 ❸

英文の "出だし" 部分を
　① イントロか　② 主人公か
に分類することが　☞　最初のステップ（手順）

§25. 設計図に振り分け

これから実際に英文を設計図に振り分けてもらいます。

◎ 英文を設計図に振り分けて読む

① 最初にあるものがイントロ（時や場所の説明）のケース

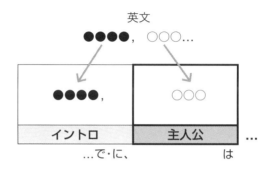

② 最初にあるものが主人公（主語、S）のケース

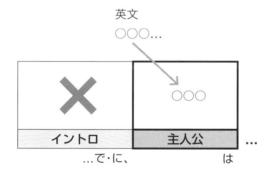

前半の読み方 ❹

先頭部分を、「設計図」を使って実際に
① イントロの箱か　② 主人公の箱か
どちらかに分類する

§26. どうやって見分けるの?

Aさん　「最初の出だし部分が『主人公』なのか、『イントロ』なのかは、ど
　　　　うやって見分けるのですか?」

たしかにこれが気になりますよね。どう見抜くと思いますか?

問題

最初の出だし部分が、主人公なのか、イントロ（時・場所の説明）なのかは、
（　　　　　　　　　　　　）で見分ける!

Bさん　「やっぱり意味じゃない?　意味で見分ける」

そう思いますよね、でも違うのです。
正解はこうですね。

正解

最初の出だし部分が、主人公なのか、イントロ（時・場所の説明）なのかは、
（　**文の先頭のサイン**　）で見分ける!

Cさん　「文の先頭のサイン?　また初めて聞くことば...」

前半の読み方 ❺

英文の"出だし"部分が、主人公か、イントロかは
☞「**文の先頭のサイン**」でわかる（決して「意味」ではない）

§27. 「文の先頭のカタチ」が実はサイン

見分けるのは「意味」でと思うかもしれませんが、実は違って、
「**文の先頭のカタチ**」で**誰でも簡単に見分けられる**ようになっています。

文の先頭のカタチはある種のサインになっているのです！

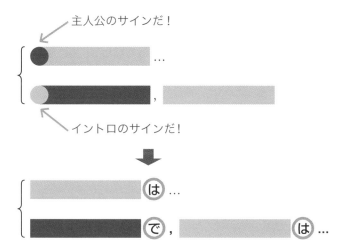

主人公のサインだ！

イントロのサインだ！

前半の読み方 ❻

文の先頭のカタチが ☞ 実は重要なサインになっている
このサインに従って ☞ イントロか、主人公かがわかる

§28. 文の先頭12パターン

　というわけで、文の先頭は実は決まっていて、どんな語句が来るかわかっているのです。

　つまり、簡単に"予言"できるのですね。

　これが**文の先頭12パターン**（次ページ）です！

　文の先頭に関しては、「この12パターンをマスターしたら、おしまい」と前の本（『超・英文解釈マニュアル』(研究社)）にも書いたのですが、それを Google の元日本法人社長である村上憲郎氏は**「英語の勉強法で初めて"終わり"を示した」**と絶賛してくださったそうです。（出版社の方の話）

　　英語は一見複雑に見えるかもしれないですが、
　　実は"始まり方"は、必ずこの12パターンのどれかのはずです。

　もう読む前から事前にわかっているのですね。

　気づいていましたか？

　だから、初めて見る文でも読めてしまうのです。

　そして、この先頭のカタチがサインになっているのですね。

最初の"出だし"部分が

主人公（主語、S）なのか、イントロなのかを示すサイン

それぞれのサインの意味がわかれば、

文の先頭に関しては、これで英語は"おしまい"！

12パターンといっても頻出は①と②

なので、この2つだけまずはマスターしよう！　ならば、

あなたの英語力に革命がおきる！

● 文の先頭12パターン ●

イントロ (いつに、どこで)	**主人公** (主語、S) …
…で･に、	は

どっち？

文の先頭 ①	**In など前置詞 …**
文の先頭 ②	**The … / A …**
文の先頭 ③	**(普通の) 名詞**
文の先頭 ④	**There …**
文の先頭 ⑤	**When … など "節" 続詞**
文の先頭 ⑥	**To V …**
文の先頭 ⑦	**Ving …**
文の先頭 ⑧	**Ved (by) …**
文の先頭 ⑨	**It …**
文の先頭 ⑩	**What …**
文の先頭 ⑪	**But / …ly / Whether …**
文の先頭 ⑫	**特殊**

頻出！

12パターンのうち、①〜④の**4パターンが特に頻出**です。（中でも①と②が）
なので、これら「①から④まで」をまず PART 1 として説明していきましょう。
これで英語のおそらく半分ぐらいを占めます。
ぜひこれだけでもマスターしてください。
なお、「② The ... / A ...」は「主人公の説明」が付く場合が多いのです。
「主人公の説明」については第3章で扱いますが、これを The ... of ... （「主人公の説明」が入るケース）として②と一緒に先に取り上げました。
残りの8パターンは文の後半の知識が若干必要になりますので、PART 2 として分けて説明することにします。

前半の読み方 ❼

文の先頭（文頭、出だし）は12パターンしかない！
この12パターンの読み方をマスターすれば
☞ **文の先頭に関してはこれでおしまい！**

PART 3「前半の読み方」編：まとめ

❏ **1.** 英語の文の先頭部分（出だし部分）は、
① **イントロ始まり**か　② **主人公始まり**か、
2通りしかない。

❏ **2.** どちらで始まっているかは
「文の先頭のサイン」でわかるようになっている。

❏ **3.** 英語の文の先頭（文頭）は**12パターン**しかない。

❏ **4.** その12パターンをマスターすれば、**文の先頭に関しては英語はおしまい。**

第 2 章

「文の先頭」を
マスターしよう!

● PART 1　まずはこれだけ!
　　　　　　基本＆超頻出の「英語の"文頭"①から④まで」

文の先頭12パターンのうち①〜④の4パターンが特に定番かつ
頻出です。なので、これら「①から④まで」をまずPART 1とし
て説明しましょう。これで英語のおそらく半分近くを占めます。
これだけでもマスターしてください。まさに「まずはこれだけ!」
です。

● PART 2　知らなければ命とり!
　　　　　　文の後半の知識も若干必要な「英語の"文頭"⑤から⑫まで」

残りの「⑤から⑫まで」の8パターンは、文の後半の知識が若干
必要になりますので、PART 2として分けて説明することにします。
知らないとまったく訳せないので、まさに「知らなければ命とり!」
のパターンです。

PART 1

まずは
これだけ!

基本＆超頻出の
英語の "文頭" ① から ④ まで
〜 英語の始まり方の "定番" とは 〜

1. In など前置詞 ...
2-1. The ... / A...
2-2. The / A ... of ...（「主人公の説明」が入るケース）
3.（普通の）名詞
4. There...

§1. In など前置詞 ...

文の先頭 ❶ 「 **In** など前置詞 ...」から始まる文

(1) 文の先頭が「 In など前置詞 ...」だったらどっちだ？

In the book ...

さてこの文はイントロ始まり？　主人公（主語）始まり？

まずはこのように In ... から始まる文からいきましょう。
実はこのように In ... から始まる文というのがやたら多いのです。
英語の大頻出パターンです。英文が手元にあったらぜひ見てみてください。

これは、イントロ始まりのサイン？　主人公（主語）始まりのサイン？
どちらだと思いますか？　正解は...

実は、先頭の In ... は「**イントロ**」のサインなのです！
　この In を見ただけで、**この文の先頭部分は主人公（主語）ではなく、時や場所などの説明、つまり、「イントロ」から始まっている**ことがわかるのです。
　なので、下のように the book とセットで、設計図の**イントロの箱**に入れてください。

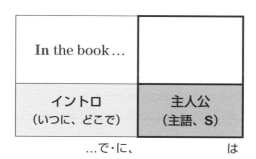

これはどういうことでしょうか？　なぜ先頭の In を見ただけで、この文はイントロから始まっていると言えるのか？

主人公 (主語、S) というのは実はこのような定義があるのです。

```
（　　　　　　）などの付いていない（　　　　）の（　　　　）
```

空欄に何が入るかわかりますか？
正解はこうですね。

```
（　前置詞　）などの付いていない（　最初　）の（　名詞　）
```

こんなすごい明確な定義があるなら、先に教えてほしいですよね。

だから、先頭に **In** という前置詞がある限り、絶対にこれは主人公ではなく、その前のイントロで、主人公 (主語) はその後に出てくることがわかるのです！

　　In the book , the girl ...

実際はこんな文でした。
さて、この文の主人公 (主語) は何かわかりますか？
設計図に書き入れてみましょう。

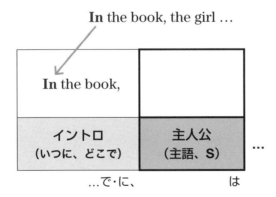

正解は、もちろんカンマの後の **the girl** ですね。

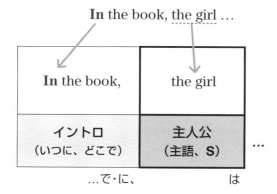

なぜなら the girl は「前置詞などの付いていない最初の名詞」だからです。
ここまで訳してみましょう。**訳すとは、正しく「てにをは」を付けることですね。**
いわゆる「イントロ付き」のパターンで、しかもイントロ付きの定番です。
なので、訳はこうなります。

　　訳　「本の中 で、少女 は、…」

「前置詞」というのは、

名詞の「前」に「置」く「詞」(ことば)

という意味なんですね。つまり単独では使えません。
必ず後ろの名詞とセットで使います。

前置詞 ＋ 名詞
☝
これでワンセット

この「前置詞＋名詞」のカタマリは前置詞句といって、
必ず文の中で「何かの説明」にしか使えない！　いわゆる修飾語。
　だから、文の先頭にあれば、主人公 (主語) になれないので、必ずその前のイ
ントロ (時や場所の説明) とわかるのです！

(2) どこまでがイントロ？

そして基本的には、イントロと主人公（主語）の切れ目に「**カンマ (,)**」を置いてくれますので、それを目印にしてください。

つまり、「**先頭からカンマまでがイントロ、カンマの後が主人公（主語、S)**」と考えていいのです！

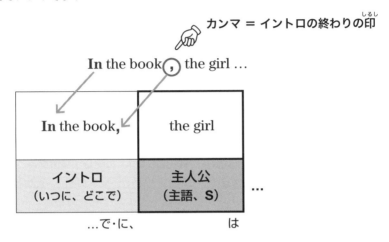

カンマ ＝ イントロの終わりの印

まとめると、以下のようになります。

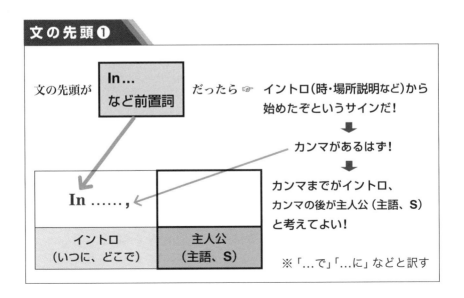

「前置詞と言われてもわからない…」と思うかもしれないですが、たいていが In …ですし、あとは **For …**、**At …**、**On …**などおなじみのものなので、わかる ようになると思います。(p.81にまとめておきました)

(3)　実は"In …"だらけ？

　注意深く見てみると、文の先頭は「"**In …**始まり"ばかり」「"**In …**始まり"の 文がやたら多い」ことに気づくと思います。
　例えば、実際の英字新聞を見てみましょう。先頭部分だけに注目！

　In the statement, Mr. Abe expressed condolences for Japan's actions
　during the war.　　　　　　　　　　(The Wall Street Journal: Aug. 18, 2015)

　In the Middle East, Toyota started exporting vehicles like the Land
　Cruiser and the Hilux in the 1950s and 60s.
　　　　　　　　　　　　　　　　　　　(The Wall Street Journal: Oct. 9, 2015)

　In 1995, Dr. Madan Kataria created Laughter Yoga, a nonprofit
　meditative practice that involves breathing and laughing exercises, in
　Mumbai.　　　　　　　　　　　　　　(The New York Times: Nov. 3, 2016)

このように「In 始まり」の文がやたら多いのです。
これは実は

　「主人公(主語、S)始まりではなく、
　　イントロ(時・場所などの説明)始まりの文で、主人公はカンマの後だよ」

と伝えるもっとも頻出のサインだったのですね。

それでは次にちょっと練習してみましょう。

● 練習問題 ●

次のそれぞれの英文の先頭部分を「主人公（主語、S）まで」設計図に割り振ってください。割り振ったら「主人公（主語、S）」までを訳してみましょう。
主人公（主語）をさがすゲーム感覚でやってみましょう。
1問正解で「10点」です。何点とれるか？

■ レベル 1：In ... で始まるパターン _____

▶ 練習 1　　　　　　　　　　　　　　　　　自己採点＝（　　　）点/10点

In the school, the teacher ...

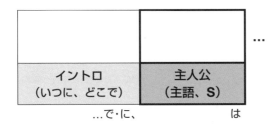

　訳　「　　　　　　　　　　　　　　　　　　　　　　　」

正解

In the school, the teacher ...

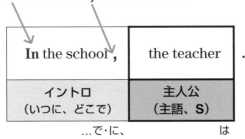

　訳　「学校で、先生は...」

　In ... で始まっているので、カンマまでイントロ、カンマの後の **the teacher** が主人公 (主語、**S**) ですね。どんな長い文でも、この出だし部分を見ただけで、もう文の主人公 (主語、S) がわかってしまうのです。

　「で」や「は」のような「てにをは」の付け方がわかるのです。

　直訳は「学校の中で、」ですが、**要は場所の説明をしているとわかることが重要。**

▶**練習2**　　　　　　　　　　　　　　　自己採点＝（　　）点/10点

　In the TV program, the singer …

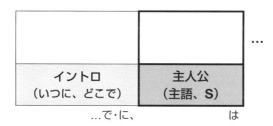

...で・に、　　　　　　　　　　　　　は

訳　「　　　　　　　　　　　　　　　　　　　　　」

語句　TV program「テレビ番組」　singer「歌手」

〔正解〕

　In the TV program, the singer …

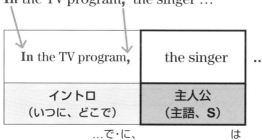

...で・に、　　　　　　　　　　　　　は

訳「テレビ番組**で**、歌手**は** …」

In ...という前置詞で始まっているので、カンマまでイントロ、カンマの次の the singer が主人公ですね。

▶練習3   自己採点＝（   ）点/10点

In the statement, Mr. Abe ...   (The Wall Street Journal: Aug. 18, 2015)

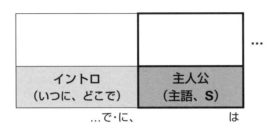

イントロ （いつに、どこで）	主人公 （主語、S）

...で・に、   は

訳 「   」

語句 statement「声明」 Mr. Abe「安倍首相」

※本物の『ウォール・ストリート・ジャーナル』の文です。

（正解）

In the statement, Mr. Abe ...

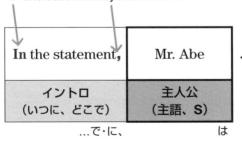

In the statement,	Mr. Abe
イントロ （いつに、どこで）	主人公 （主語、S）

...で・に、   は

訳 「声明の中で、安倍首相は...」

78

　In …という前置詞で始まっているので、カンマまでイントロ、カンマの次の Mr. Abe が主人公ですね。これは本物の英字新聞の文ですよ。読めたらすごい！

▶練習4　　　　　　　　　　　　　　　　　自己採点＝（　　）点/10点

In the Middle East, Toyota …　(The Wall Street Journal: Oct. 19, 2015)

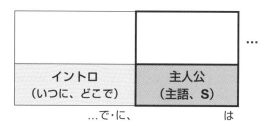

訳　「　　　　　　　　　　　　　　　　　　　」

語句　the Middle East「中東」

〔正解〕

In the Middle East, Toyota …

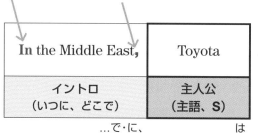

訳　「中東で、トヨタは、…」

　同じく In …始まりなので、カンマまでイントロ、**カンマの次の Toyota が主人公**ですね。イントロは場所の説明のようなので「中東で、」と訳せばいいです

ね。これも本物の英字新聞の文。読めたらすごい!

■ レベル2：In ...以外の前置詞パターンがわかるか

▶練習5　　　　　　　　　　　　　　　自己採点＝（　　）点/10点

At the office, the president ...

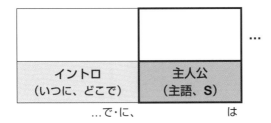

...で・に、　　　　　　　は

訳　「　　　　　　　　　　　　　　　　　　」

語句　office「オフィス、会社、事務所」　president「社長」

今度は In ではなく、At 始まりですが、同じように考えればわかりますね?

正解

At the office, the president ...

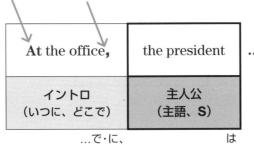

...で・に、　　　　　　　　　　は

訳　「オフィス**で**、社長**は**、...」

　これも **At** という**前置詞**で始まっていますので、At からカンマまでがイントロですね。カンマの次の the president が主人公のようですね。

　In は「中で」ですが、At は「点で」という感じ。「地点」「時点」です。この場合は「場所の説明」。オフィスを「地点」と見立てて、At を使ったのでしょう。

　次に主な前置詞をあげておきます。

● 主な前置詞（前置詞コレクション）●

文の先頭に出てくるとこんな感じです。

■ **In ...** ＝ いろんな意味で「中で」。「場所」はもちろん、「時」の説明にも使えて便利なのでイントロで頻出。In 1970 ＝「1970年に」（1970年という1年間の中でという感じ）

■ **At ...** ＝「場所」も「時」も表せるが、in との違いは「地点」「時点」など「ある一点で」という感じ。

In　　　**At**

■ **On ...** ＝「上で」の意味で「場所」にも使えるし、「その日付の上で」という感じで「時」にも使える。On Friday ＝「金曜日に」

■ **For ...** ＝ イントロで使うとほとんど「期間の長さを表す for」。For one year ＝「1年間にわたって」

■ **During ...** ＝「〜の間」「〜の間中」という「特定の期間」を表す。During summer ＝「夏の間中」

■ **Despite ...** ＝「...にもかかわらず」という意味。論文などで頻出。Despite this weak point ＝「この欠点があるにもかかわらず」

とにかくイントロは以下のどれかな？と思って読んでください。

① 場所の説明	② 時の説明	③ その他
↑	↑	↑
7割ぐらい	3割ぐらい	5%ぐらい？

こういう前提知識があると読みやすいはずです。

■レベル3：長いイントロがわかるか _____

▶練習6   自己採点＝（   ）点/10点

In a lake in Shiga prefecture, the show …

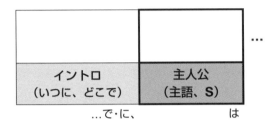

イントロ （いつに、どこで）	主人公 （主語、S）
…で・に、	は

■訳■ 「　　　　　　　　　　　　　　　　　　　　　　　　　」

■語句■ lake「湖」　prefecture「県」

※イントロが長くなっていますが、わかりますか？

[正解]

In a lake in Shiga prefecture, the show …

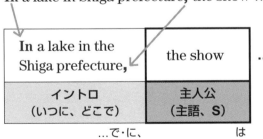

In a lake in the Shiga prefecture,	the show	…
イントロ （いつに、どこで）	主人公 （主語、S）	
…で・に、	は	

■訳■ 「滋賀県の湖で、ショーは…」

これは「前＋名」「前＋名」と2セット続くパターンですね。
最初の「前＋名」の名詞を、後ろの「前＋名」で補足説明している感じ。

　　湖で（どの?）、　　　滋賀県にある湖で、
　「前置詞＋名詞」　　　「前置詞＋名詞」,　　　☞ このように2セット続く
　　　　　　　　　　　　　　　　　　　　　　　　　　　　　ことも多いので注意

　2セット続いても、あくまで全体は**長いイントロ**（前置詞の付いた名詞は主語になれない）**で**、その後に主人公（主語、**S**）、つまり**前置詞などの付いていない最初の名詞**が出てくるはず。

　とにかく**カンマ**を探してください。

　イントロが長くなると、イントロと主人公（主語、S）との切れ目に必ずカンマを置いてくれるからです。

　単語さえわかれば訳せると思っている人、例えば、この文の訳ですが...

　　A君：「滋賀県は湖が有名で、よくショーが行われ...」
　　B君：「滋賀県にある湖で、ショーは...」

どちらが正しいですか？　もちろんB君の訳ですね。
A君の訳は0点です。

　　「なぜ?　単語は全部あっているじゃないか、せめて9点くださいよ」

とA君は言うかもしれませんが、絶対0点ですね。
　なぜなら、**作者はそんなことを言っていない**からです。

　英語は「英語の設計図」でしか表現できないのです。それが英語。この文の作者も「英語の設計図」に従って書いています。
　なので設計図を知らないと訳せるわけがないのです。
　設計図をどう使ったか、先頭のサインやカンマで表してくれているのです。
　だから、そのことを知らなければ中学高校と6年間も英語を習っていても訳せないのは当たり前なのです。

　とにかく、単語の意味はすべてわかっているとして、あと何が必要なのかをマスターしてください。
　それが一番の近道です。**このやり方だと単語も自然と覚えていきますので。**

▶練習7 　　　　　　　　　　　　　　　自己採点＝（　　）点/10点

At a fashion boutique in one of India's industrial boomtowns,
the wives...　　　　　　　　　　　　(The Wall Street Journal: Aug. 27, 2015)

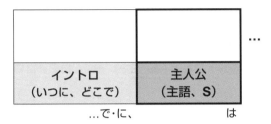

イントロ　　　　　　　　　主人公
（いつに、どこで）　　　　　（主語、S）
　　　…で・に、　　　　　　　　は

訳　「　　　　　　　　　　　　　　　　　　　　　　　　　」

語句　fashion boutique「ファッションブティック」 India's industrial
boomtowns「インドの新興工業都市」 wives「妻たち」(wife の複数形)

※これがわかったらすごいですよ。訳ができますか？

正解

At a fashion boutique in one of India's industrial boomtowns,
the wives...

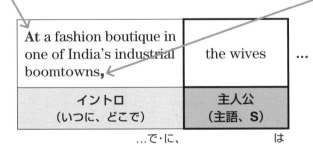

イントロ　　　　　　　　　主人公
（いつに、どこで）　　　　　（主語、S）
　　　…で・に、　　　　　　　　は

訳　「インドの新興工業都市の一つにあるファッションブティック**で**、妻
たち**は**... 」

At という**前置詞**で始まっていますので、At からカンマまでがイントロですね。
カンマの次の the wives が主人公ですね。
では、この長いイントロをどう訳しますか？

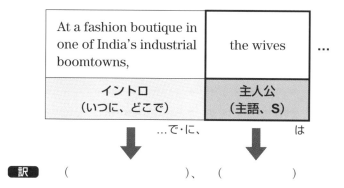

At a fashion boutique in one of India's industrial boomtowns,	the wives	...
イントロ （いつに、どこで）	主人公 （主語、S）	

...で・に、　　　　　　　　　　　は

訳　　（　　　　　　　　　　　）、（　　　　　　　　）

まずこのように箱の中はそれぞれ独立して訳すのが原則です。
イントロは必ず独立して、この箱の中だけで完結して訳してください。
なので、まず、At a fashion boutique in one of India's industrial boomtowns, を訳します。
重要なのは、全体で**「場所の説明」**をしているにすぎないということですね。
これから主人公が何かしますが、その場所はどこなのかを言っているだけです。

　At a fashion boutique in one of India's industrial boomtowns,

まずこの最初の**前置詞＋名詞**を訳します。**これが作者の言いたいこと**です。

　「...ファッションブティック**で**、」

　　　　　　　　このように「で」を付けて、「...で、」と訳します。

あとは**カメラを徐々に引いていって、どこにあるファッションブティックなのかを説明している感じ**ですね。
at（点）と in（中）のニュアンスです。（→ p.81）

　At a fashion boutique in one of India's industrial boomtowns,

「...ファッションブティック**で**、インドの新興工業都市の一つ（の中）の...」

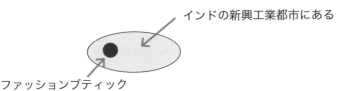

インドの新興工業都市にある

ファッションブティック

まず筆者が何を言いたいのか理解してから、それにふさわしい訳を考えます。
　日本語は前からしか説明を付けられないので、「インドの...」の部分を前にもってきておしまいです。

At a fashion boutique in one of India's industrial boomtowns,

「ファッションブティック**で**、インドの新興工業都市の一つの...」

きれいな日本語にすると、

「インドの新興工業都市の一つにあるファッションブティック**で**、...」

そしてカンマの後に主人公があるので、

At a fashion boutique in one of India's industrial boomtowns, the wives ...
「インドの新興工業都市の一つにあるファッションブティック**で**、妻たち**は**...」

これが正解の訳ですね。合っていた人はすごい！
これが正解と自分でわかることが重要ですよ。ならば**先生の解説は不要**になりますね。
それが**初めて見る文を自分で訳せ**るということです。
　　　　　　　　　　　　　　　　＊
In など前置詞...で始まるパターンはどうでしたか？　わかりましたか？
7問ありましたが、自己採点結果は？

（　　　）点 / 70 点

満点の人はすごい！

次は **The ... / A ...から始まる文**の読み方のお話しをします。
これも大頻出パターンですよ。

§**2-1.** The ... / A ...

文の先頭 ❷ 「 **The ... / A ...** 」から始まる文

（1） 文の先頭が「The...」で始まっていたらどっちだ？

The book ...

さてこの文はイントロ始まり？　主人公 (主語) 始まり？

このように **The ...** から始まる文というもすごく多いのです。
英語の大頻出パターンです。間違いなく**文の先頭頻出度、堂々の1位**です！
ぜひ英文が手元にあったら見てみてください。

これは、イントロ始まりのサイン？　主人公 (主語) 始まりのサイン？
どちらだと思いますか？

実はこれは（　　　　）始まりのサインなのです！ ［☞ 空欄を埋めてください］

正解は...

実はこれは（　**主人公**　）始まりのサインなのです！

The ○○...を見ただけで、イントロは使わず、主人公から始まっていると分
かるのです。
　だからこの単語 (のカタマリ) に「は」を付けて訳していいです！
　前半の最大のテーマは、どの単語に「は」を付けて訳すかでしたが、もうわか
ってしまうのですね。

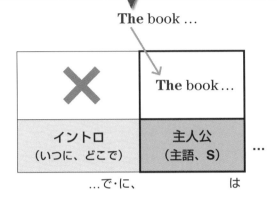

先頭の The... が "目印" となって、主人公始まりとわかります！

The book ...

イントロ
（いつに、どこで）

主人公
（主語、S）

...

...で・に、　　　　　　　　　　は

訳 「その本 **は** 、...」

※このようにイントロの箱は使わなかったことがわかるので**✕マーク**を打ちましょう。

なぜわかるかって？
①の文は、特に In などが付いていないですよね。
だからもう後ろは見なくても「**前置詞などの付いていない最初の名詞**」なので、
これは主人公（主語、S）から始めたと考えていいのです！

主人公（主語、S）の定義
＝ 前置詞などの付いていない最初の名詞

でしたね。
なので最初の単語（のカタマリ）が名詞なら、主人公（主語、S）とわかるのですが、「**その単語が名詞かどうかなんてわからない...**」と思いますよね。
そんなとき便利なのが The なのです。
The はいわゆる「冠詞」で、名詞に付ける冠、つまり "帽子" という意味なので、
冠詞で始まっているかぎり、文の最初の単語は必ず「名詞」とわかりますから、
もう主人公（主語、S）から始まったと考えていいのです！（これは便利）

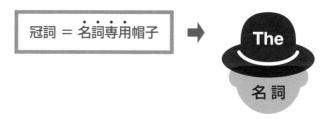

冠詞 ＝ 名詞にしか付かない

よって最初にあれば、知らない単語でも「最初の名詞」ととりあえずわかる！

なので、その名詞を主人公（主語、S）にして読んでいっていいです。

ただし、例外もあるので99％と言っておきましょう。

A も冠詞（名詞専用の帽子）なので **A** ...始まりも同様に考えていいと思います。

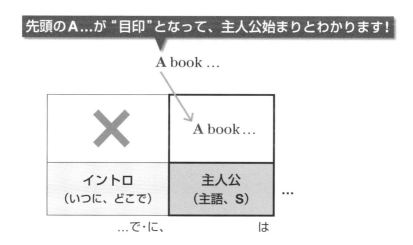

訳 「本 **は**、...」

※イントロの箱は使わなかったので **✕マーク** を入れてみましょう！

The ...は特定の（その...）、**A** ...は不特定の（ある１つの...）、という感じ。

（おいおい両者の違いについてはわかってくると思います）

とにかくどちらも名詞から始めたぞ、つまり主人公から始めたぞ、と言っているのですね。冠詞は名詞にしかつかないので、少なくとも最初の名詞とわかるということです。

文の先頭でこの The ...で始まるパターンは間違いなくもっとも多いと思います。つまりこれを知っておくと初めて見る文でも読めるようになるのですね。一番よく使う、かつ一番わかりやすい主人公（主語、S）始まりの目印です。まとめると、以下のようになります。

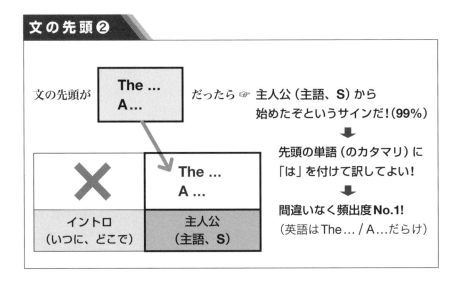

文の先頭❷

文の先頭が 　The ...　A...　だったら ☞ 主人公（主語、S）から始めたぞというサインだ！（99%）

↓

先頭の単語（のカタマリ）に「は」を付けて訳してよい！

↓

間違いなく頻出度No.1!
（英語はThe... / A...だらけ）

The ...　A ...

✕

イントロ（いつに、どこで）　　主人公（主語、S）

(2) 英語は The... / A... だらけ？

実際の英文の例を見てみましょう。

The idea has spread around the world, including in the United States, Germany and Taiwan.

（早稲田大・商）

The number of pet dogs fell by about 13% over five years, from 11.861 million in 2010 to 10.346 million in 2014.

(The Wall Street Journal: Oct. 26, 2015)

A team of more than 100 people had been doing joint research with a single goal of producing scientific results.

(The Wall Street Journal: Oct. 6, 2015)

The trend of better academic performance among private school students is well-documented in surveys and rankings.

(Newsweek: Nov. 3, 2016)

これらの文の共通点はわかりますよね。
みんな The … か A … で始まっていますね。

英語の文はこのように The … や A … で始まる文がすごくすごく多いのです。
これらは一律、「主人公（主語、S）」始まりのサインと考えていいのです！

（3）　問題は「主人公はどこまで？」

ここまでは理解できたと思います。
問題は、「主人公の“次”に何が来るか」という話ですね。
言い換えれば、「どこまでが主人公なのか」という問題。

「主人公は、」の後は、2つのパターンがあります。

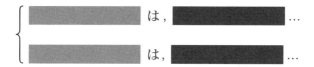

1つは行動（動詞、V）が来るパターンですね。

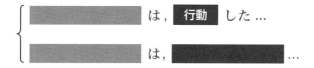

しかし、もう一つありましたね。

主人公の後に、「**主人公の説明**」が入るパターンです。
その場合は、主人公の説明の後に、行動 (動詞、V) が出てきます。

つまり、

主人公の " 次 " は
① 行動 (動詞、**V**) が来るか
② 主人公の説明 が来るか
2通りしかない！

ということですね。

そしてこの2つをどうやって見分けるかですが...
意味から？

いえいえ、これも「**主人公の直後のカタチ**」を見れば誰でもわかるようになっているのです。
行動ならば、行動 (動詞、V) 特有のカタチがあります。
「主人公の説明」を付けた場合は、主人公の直後に、主人公の説明を付けたぞというサインを付けることになっているのです！

主人公の " 次 " が
① 行動 (動詞、**V**) か
② 主人公の説明 か、は
「**主人公の直後のカタチ**」で誰でもわかるようになっている！

ということですね。

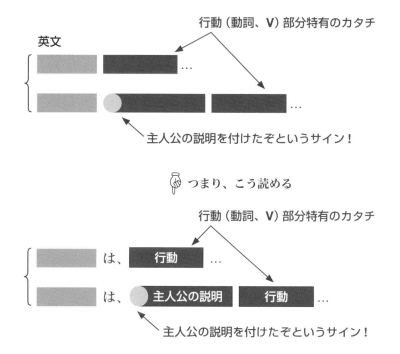

(4)「行動」（動詞、V）部分特有のカタチとは？

「行動（動詞、V）」と「主人公の説明」はどう見分けるのか？

まずは主人公の次に「行動」（動詞、V）」が来ているパターンから行きましょう。

行動部分は、行動（動詞、V）部分特有のカタチをしていますので、それでわかるようになっています。

では、「行動部分特有のカタチ」とはいったいどういうものでしょうか？

行動部分特有のカタチは3タイプあります――**be動詞、一般動詞、受身**。

逆に言えば**3タイプしかない**のですね。

これから皆さんが出会う文の行動部分（動詞、V）は、**必ずこの3つのうちどれかに分類できます**ので、必ず分類して読んでください。

なぜなら、それによって訳が違ってくるのです。

▶ タイプ❶　be動詞

タイプ①は**be動詞**と呼ばれるものです。

　is, am, are, was, were

こういうのが出てきたら「**ここが行動部分 (動詞、V) だな**」と思ってください。
前半がここで終わるのですね。つまり、行動 (動詞、V) の箱に入れてください。

　will be, should be, must be…

このようなケースも、**2語セットで行動 (動詞、V) の箱**に入れてください。
これは「**助動詞付き**」のタイプですね。
「**助動詞 + be**」というカタチをしています。

もう一つはこんなカタチをしているケースです。

　have been, has been, had been

これは**完了形**と呼ばれるタイプですね。
これも2語セットで行動 (動詞、V) の箱に入れてください。
「**have [has, had] + 過去分詞**」というカタチをしています。

まとめるとこうなります。

is, am, are was, were	こういうのが出てきたら「ここが行動部分だな」と思って行動の箱に入れる。いわゆるbe動詞。
will be should be must be…	このようなケースも2語セットで行動の箱に。「助動詞付き」のタイプ。「助動詞 + be」というカタチ。
have been has been had been	完了形と呼ばれるタイプ。これも2語セットで行動の箱へ。「have [has, had] + been (過去分詞)」というカタチ。

「be動詞と言われたってわからない…、be とか been とかどうやって訳すの？」
と思うかもしれませんが、大丈夫です。
　これらは**一律「= (イコール)」**と訳してください。

行動（動詞、**V**）部分が「**be動詞**」なら
☞ 一律「＝（イコール）」と訳せばいい！

「 主人公（主語、**S**）は ＝ ○○○ です 」

be動詞はこういうイコール関係を表す「**記号**」のようなものなのですね。
主人公と、be動詞の後ろにあるものがイコール関係だと言っているのです。
これ自体は訳ができません。
なので「＝（イコール）」としてください。

「 主人公（主語、**S**）は ＝ ○○○ です 」
　　　　　　　　　　　　　　☝
　　　　　　　　　　　be動詞
　　　　　　　　　　　※＝（イコール）関係を表す記号のようなもの

「でも2語や3語などいろんなカタチがあるのでは？」

そう思うかもしれませんが、それぞれ少しずつ **"味付け"（ニュアンス）** が加わっているだけなんですね。

■ **is, am, are, was, were**
まず1語のケースは、そのイコール関係が、
現在のことなのか、過去のことなのかを表しています。

　　主人公は ＝ ○○です　　☞ 現在の話 : **is, am, are**
　　主人公は ＝ ○○だった　☞ 過去の話 : **was, were**

■ **will be, should be, must be…** など
次に、助動詞付きは、そのイコール関係が、
事実ではなく作者の「想像（妄想？）の世界」だよと言っているのですね。

　　主人公は ＝ ○○になるだろう　　☞ 作者の予想 : **will be**
　　主人公は ＝ ○○となるべき　　　☞ 作者の主張 : **should be**
　　主人公は ＝ ○○に違いない　　　☞ 作者の推測 : **must be**

論文とか、新聞とか、ジャーナル（雑誌）には多いですよね。定番ですね。

■ **have been, has been, had been**

完了形 (have [has, had] ＋過去分詞) ならば、そのイコール関係が、
ある一定期間の「幅」を持っていることを表しているのですね。
なので私は「"幅"形」と呼んでいます。

主人公は ＝ ○○ が現在まである期間続いてる ☜ 現在までの幅：
$$\text{have [has] been}$$

例 「私は現在まで15年間学生です」

主人公は ＝ ○○ が過去のある時点まである期間続いた ☜ 過去のある時点
までの幅：
$$\text{had been}$$

例 「私は高校卒業時点で12年間学生でした」

まとめるとこんな感じですね。

1語 is, are, am was, were	そのイコール関係が現在の事実か、過去の事実なのかを表している。
助動詞付き will be should be must be ...	助動詞付きは、そのイコール関係が、事実ではなく作者の「想像 (妄想?) の世界」だよと言っている。
完了形 ("幅"形) have been has been had been	そのイコール関係がある一定期間の「幅」を持っていることを表している。("幅"形と呼びたい) ① 現在までの幅：have [has] been ② 過去のある時点までの幅：had been

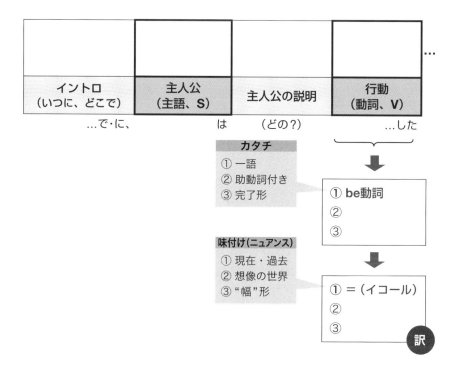

ここまで、be 動詞のケースを設計図で書けば次のようになるでしょうか。

イントロ (いつに、どこで)	主人公 (主語、S)	主人公の説明	行動 (動詞、V)
...で・に、	は	(どの?)	...した

カタチ
① 一語
② 助動詞付き
③ 完了形

① be動詞
②
③

味付け(ニュアンス)
① 現在・過去
② 想像の世界
③ "幅"形

① ＝ (イコール)
②
③

訳

では実際の文で練習してみましょう。

● 練習問題 ●

次のそれぞれの英文 (先頭部分) を「行動部分 (動詞、V)」まで設計図に割り
振ってみましょう。訳もしてみましょう。

▶練習1　　　　　　　　　　　　　　　　自己採点＝ (　　　) 点/10点

The beach is …　　　　　　　　　　　　　　　　　　　(岡山大)

イントロ (いつに、どこで)	主人公 (主語、S)	主人公の説明	行動 (動詞、V)
…で・に、	は	(どの?)	…した

訳　「　　　　　　　　　　　　　　　　」

語句　beach「ビーチ、海岸」

正解

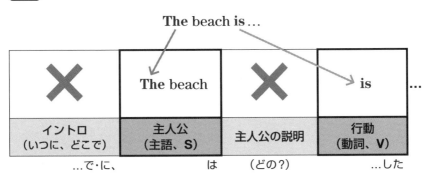

イントロ (いつに、どこで)	主人公 (主語、S)	主人公の説明	行動 (動詞、V)
✕	The beach	✕	is
…で・に、	は	(どの?)	…した

訳　「その海岸 **は**、＝…」

「The …始まり」なので、「主人公始まり」ですね。

　is が見えるので、その前まで The beach が主人公です。「その海岸 **は**」と「は」を付けて訳します。

　is が行動部分特有のカタチなので行動 (動詞、V) の箱に入れます。

　訳は「＝ (イコール)」とします。1語なので「現在」の事実ですね。

　使わなかった箱に✕マークも打てましたか？

▶ **練習2**　　　　　　　　　　　　　　　　　自己採点＝（　　）点/10点

The local government was …　　　　　　　　　　　(岡山大)

			…
イントロ (いつに、どこで)	主人公 (主語、S)	主人公の説明	行動 (動詞、V)

　　　　　…で・に、　　　　　　　は　　　(どの?)　　　　…した

訳　「　　　　　　　　　　　　　　　　　　　　　」

語句　local「当地の」　government「政府」

正 解

The local government was …

✕	The local government	✕	was …
イントロ (いつに、どこで)	主人公 (主語、S)	主人公の説明	行動 (動詞、V)

　　　　　…で・に、　　　　　　　は　　　(どの?)　　　　…した

訳 「その地方政府 **は**、＝ ...」

The ... で始まっているので「主人公始まり」ですが、どこまでが主人公？
was という行動部分特有のカタチが見えるので、その直前までが主人公ですね。
☞「(その) 地方政府 **は**」
was が行動部分特有のカタチなので行動 (動詞、V) の箱に入れます。
訳は「＝ (イコール)」とします。1語なので「過去」の事実ですね。
使わなかった箱に×マーク！

▶ タイプ❷ 一般動詞

タイプの2つ目は、一般動詞です。

「一般動詞って何?」と思うかもしれませんが、be動詞以外の動詞すべてですね。

要は、take とか make とか get などです。

これはもう「**行動**した」と訳してもらったらいいですね。

これも1語、助動詞付き、完了形と少しずつニュアンスが加わります。

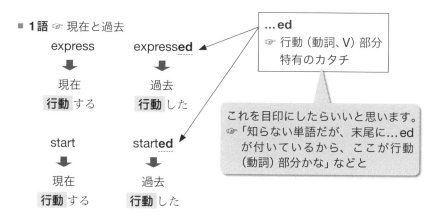

■ **1語** ☞ 現在と過去

express　　　　express**ed**

　↓　　　　　　　　↓

現在　　　　　　　過去

行動 する　　　**行動** した

...**ed**
☞ 行動 (動詞、V) 部分
　特有のカタチ

start　　　　　　start**ed**

　↓　　　　　　　　↓

現在　　　　　　　過去

行動 する　　　**行動** した

これを目印にしたらいいと思います。
☞「知らない単語だが、末尾に...**ed**
が付いているから、ここが行動
(動詞) 部分かな」などと

■ **助動詞付き** ☞ 事実ではなく作者の「**想像の世界**」 *2語セットで行動の箱へ

will start　　　　should start　　　　must start

　↓　　　　　　　　↓　　　　　　　　↓

始めるだろう　　　始めるべき　　　始めなければならない

*助動詞+原形動詞

should < must で、より主張の「強さ」が増す感じですね。

■ **完了形** ☞「点」ではなく「**幅**」のニュアンスが加わる

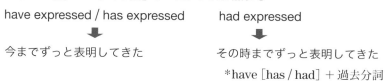

have expressed / has expressed　　　had expressed

　　　↓　　　　　　　　　　　　　　　↓

今までずっと表明してきた　　　その時までずっと表明してきた

*have [has / had] + 過去分詞

　一般動詞の場合は、もう一つ進行形というのもありますね。公的な文章では
それほど見ることはないとは思いますが。

■ **進行形** ☞ …している最中、…している最中だった

is expressing	is making	was playing
⬇	⬇	⬇
表明している最中	作っている最中	プレーの最中だった
		*be動詞＋動詞 ing

以上、「○○した」のニュアンスが少しずつ変わる感じですね。

まとめると、こんな感じになります。

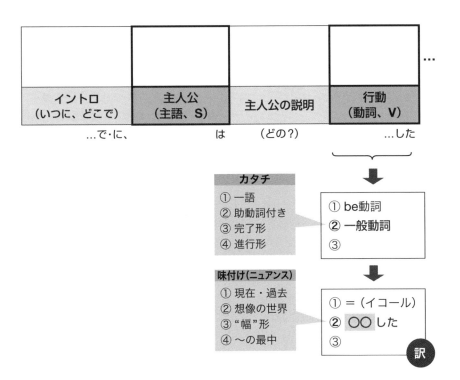

では練習してみましょう。

▶練習3　　　　　　　　　　　　　　　　　　自己採点＝（　　　）点/10点

A child will apply ...　　　　　　　　　　　　　　　（日本大）

イントロ (いつに、どこで)	主人公 (主語、**S**)	主人公の説明	行動 (動詞、**V**)
…で・に、	は	(どの?)	…した

訳　「　　　　　　　　　　　　　　　　　　　　　　　　　　　　」

語句　child「子供、赤ちゃん」　apply「適用する」

※ 特定の子供の話ではなく一般的に…

正解

A child will apply ...

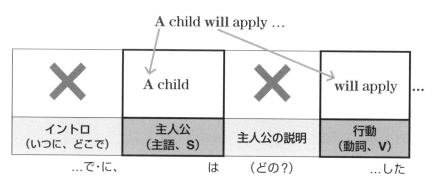

イントロ (いつに、どこで)	主人公 (主語、**S**)	主人公の説明	行動 (動詞、**V**)
✕	A child	✕	will apply ...
…で・に、	は	(どの?)	…した

訳　「子供**は**、適用するだろう…」

「A …始まり」なので最初の名詞、つまり「主人公始まり」です。

will apply という行動部分特有のカタチが見えるので、その前まで A child が主人公ですね。☞「子供**は**」

そして will apply を**2語セット**で行動 (動詞、**V**) の箱に入れます。

①〜③のうち一般動詞ですが、助動詞付きにして、「事実ではなく作者の想像の世界ですよ」というニュアンスを加えているのですね。

▶練習4　　　　　　　　　　　　　　　　　自己採点＝(　　)点/10点

The idea has spread …　　　　　　　　　　　　　　　　(早稲田大・商)

イントロ (いつに、どこで)	主人公 (主語、**S**)	主人公の説明	行動 (動詞、**V**)	…
…で・に、	は	(どの?)	…した	

訳　「　　　　　　　　　　　　　　　　　　　　」

語句　idea「考え、アイディア」　spread「広がる、普及する」

[正 解]

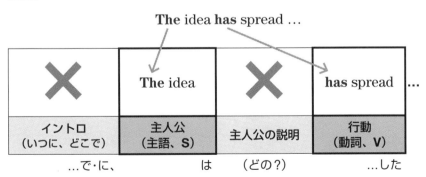

The idea **has** spread …

イントロ (いつに、どこで)	主人公 (主語、**S**)	主人公の説明	行動 (動詞、**V**)	
✕	The idea	✕	has spread …	
…で・に、	は	(どの?)	…した	

訳　「その考え**は**、広まってきている…」

まず The ...で始まっているので「主人公始まり」ですね。

そして has ...と行動部分特有のカタチが見えるので、その直前までが主人公。

☞「その考え**は**」

has spread を2語セットで行動 (動詞、V) の箱に入れます。

①～③のうち一般動詞ですが、完了形にして、**「現在までの幅」**を表しているのですね。

「現在まで徐々に時間をかけて広まってきた」というニュアンスを加えているのです。なので「広まってきている」と訳してみました。

be 動詞と一般動詞まで来ましたが、行動部分の3つ目に行く前に、前回のイントロ始まりの文の行動部分まで、つまり文の前半が読めるかやってみましょう。

■**レベル2：“イントロ付きの文”も4つの箱に入れられるか** ＿＿＿＿＿＿

▶**練習5** (p.78の文)　　　　　　　　　　　　自己採点＝(　　)点/10点

In the statement, Mr. Abe expressed ...

(The Wall Street Journal: Aug. 18, 2015)

			...
イントロ (いつに、どこで)	主人公 (主語、**S**)	主人公の説明	行動 (動詞、**V**)
...で・に、	は	(どの？)	...した

訳　「　　　　　　　　　　　　　　　　　　　　　」

語句　statement「声明」　express「表明する」

105

正解

In the statement, Mr. Abe expressed …

In the statement,	Mr. Abe	✕	expressed …
イントロ （いつに、どこで）	主人公 （主語、S）	主人公の説明	行動 （動詞、V）
…で・に、	は	（どの？）	…した

訳 「声明の中で、安倍首相は、表明した…」

正解でしたか？

expressed という **-ed** の付いた**典型的な行動部分特有のカタチ**が見えるので、これが行動（動詞、V）部分ですね。

前半はこの行動部分までなので、もう文の前半まで読めていることになります。

英語が読めるとは、それぞれの"登場人物"がこのように設計図にどう入るかがわかって、正しい「てにをは」を付けて訳せるということなのです！

▶練習6 （p.79の文）　　　　　　　　自己採点＝（　　）点/10点

In the Middle East, Toyota started …

(The Wall Street Journal: Oct. 19, 2015)

			…
イントロ （いつに、どこで）	主人公 （主語、S）	主人公の説明	行動 （動詞、V）
…で・に、	は	（どの？）	…した

訳 「　　　　　　　　　　　　　　　　　　　　　　　　　　」

語句 the Middle East「中東」

正解

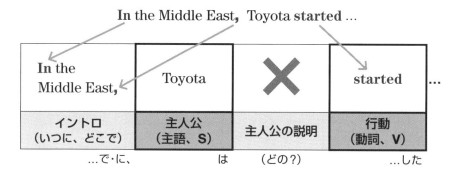

In the Middle East, Toyota started ...

In the Middle East,	Toyota	✕	started	...
イントロ （いつに、どこで）	主人公 （主語、**S**）	主人公の説明	行動 （動詞、**V**）	
…で・に、	は	（どの?）	…した	

訳 「中東で、トヨタは、始めた…」

　もう文の前半が読めていますね。ちなみに実際の文では、後半は「プリウスの販売を」と続きます。つまり「中東で、トヨタは、始めた / プリウスの販売を」という文だったのですね。

▶ **練習7**　　　　　　　　　　　　　　　　　自己採点＝（　　）点/10点

In 1995, Dr. Madan Kataria created ...

(The New York Times: Nov. 3, 2016)

				...
イントロ （いつに、どこで）	主人公 （主語、**S**）	主人公の説明	行動 （動詞、**V**）	
…で・に、	は	（どの?）	…した	

訳 「　　　　　　　　　　　　　　　　　　　　　　　　　　　」

語句 Dr. Madan Kataria「マダン・カタリア博士」 create「作り出す、生み出す、創造する」

正解

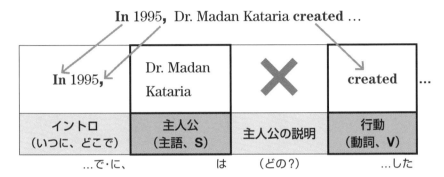

In 1995, Dr. Madan Kataria created …

In 1995,	Dr. Madan Kataria	✕	created …
イントロ (いつに、どこで)	主人公 (主語、S)	主人公の説明	行動 (動詞、V)
…で・に、	は	(どの？)	…した

訳 「1995年**に**、マダン・カタリア博士**は**、作り出した…」

これは初めて見る文ですが、もうわかるのでは？

「In 始まり」なのでカンマまでイントロですね。これは時の説明のようなので「1995年**に**、」ということです。「に」を付けて訳せましたか？

そして created という行動部分特有のカタチが見えるので、そこまでの Dr. Madan Kataria が主人公です。

行動部分は一般動詞で、1語なので「過去の事実」です。

なので「作りだした（生み出した、創造した）」と訳せばいいですね。ちなみに後半は Laughter Yoga（笑うヨガを）と続きます（→ p.175）。つまり、「笑うヨガ」を発明したらしいですね。

▶ **タイプ❸ 受身**

タイプ①と②はわかりましたね。
それでは最後のタイプ③に行きましょう。
「行動部分特有のカタチ」の3つ目は「**受身**」です。

… was scolded …

こんな感じで、be動詞の後に動詞の"過去形らしきもの"（実際は「過去分詞」といいます）があったら、**2語セットで行動（動詞、V）の箱**に入れてください。
これは「受身」というカタチなのですね。
つまり「○○した」ではなく、

「 ○○された 」

と訳してほしいのです。受身で訳してください。

受身は「**be動詞＋過去分詞**」というカタチになります。
2語が基本になりますね。
これも「○○された」に

2語（基本）、助動詞付き、完了形、進行形...

と少しずつ味付け（ニュアンス）が加わる感じですね。

■ **2語** ☞ 現在と過去　＊be動詞の変化で表します

109

■ **助動詞付き** ☞ 事実ではなく作者の「想像の世界」 ※**3語セット**で行動の箱へ

will be scolded　　　　**should be** scolded　　　　**must be** scolded
⬇　　　　　　　　　⬇　　　　　　　　　⬇
しかられるだろう　　　　しかられるべき　　　　しかられるに違いない
＊助動詞＋be＋過去分詞

■ **完了形** ☞「点」ではなく「幅」のニュアンスが加わる
※**3語セット**で行動の箱へ

have been scolded / **has been** scolded　　**had been** scolded
⬇　　　　　　　　　　　⬇
今までずっとしかられてきた　　　　ある時までずっとしかられていた
＊have［has / had］＋been＋過去分詞

■ **進行形** ☞ …されている最中だ、…されている最中だった
※このパターンはあまりないですが…

is being scolded / are being scolded　　was［were］being scolded
⬇　　　　　　　　　　　⬇
今、しかられている最中だ　　　　しかられている最中だった
＊be動詞＋being ＋過去分詞

とにかく「○○された」のニュアンスが少しずつ変わる感じですね。

ここまで3つのタイプをまとめると、最後の受身が加わり、次ページのような設計図になります。

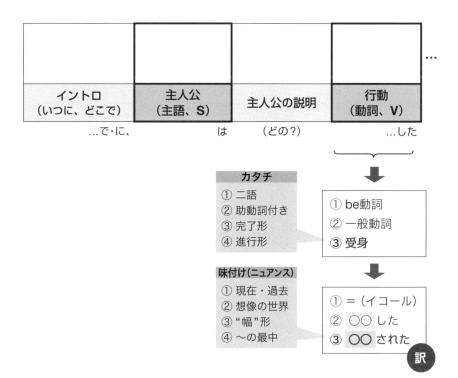

イメージとしては、

　　be動詞　　… 40%
　　一般動詞 … 40%
　　受身　　　… 20%

という感じでしょうか。

重要なことは、これから出会う文は、

　　必ずこの3つのうちのどれかに分類できる

ということ。
分類できるから訳せるのです。

それではちょっと練習してみましょう。

▶練習8　　　　　　　　　　　　　　　　　　自己採点＝（　　　）点/10点

The winner will be picked …　　　　　　　　　　　　　　（法政大）

イントロ （いつに、どこで）	主人公 （主語、S）	主人公の説明	行動 （動詞、V）	…
…で・に、	は	（どの？）	…した	

訳　「　　　　　　　　　　　　　　　　　　　　　　　　　　　　　　」

語句　winner「優勝者」　pick「選ぶ、選抜する、ピックアップする」

正解

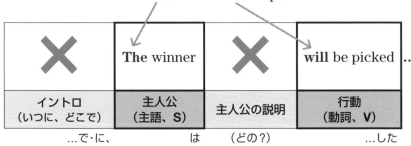

The winner will be picked …

イントロ （いつに、どこで）	主人公 （主語、S）	主人公の説明	行動 （動詞、V）
✕	The winner	✕	will be picked …
…で・に、	は	（どの？）	…した

訳　「優勝者 **は** 選ばれる予定 /（以下の方法で）」

will …から行動部分特有のカタチですね。
will be picked と3語セットで行動（動詞、V）の箱に入れられましたか？
いわゆる「受身」パターン。
なので「主人公は / した」ではなく「主人公は / された」ですね。それを助動詞
付きにして、事実ではなく想像の世界というニュアンスを足しているだけです。

したがって「される予定」などと訳せばいいですね。

　主人公の後に直接そのまま行動 (動詞、V) が来るパターンはどうでしたか？
わかりましたか？

　どんな文にも必ず行動部分 (動詞、V) がありますので、今回の話は役に立つ
と思います。

　そして行動部分 (動詞、V) はいろんなカタチがあって複雑で難しいと思って
いた人も多いと思いますが、**実は“正体”は3つしかない**のです。

　その3つがいろんなニュアンスを変えて出てきているだけなのですね。

　そのことがわかると断然読みやすくなると思います。

＊

　次は、順番からいうと、「文の先頭 ③ (普通の) 名詞」なのですが、その前に
「主人公の説明」が入るケースを説明しておきたいと思います。

　主人公の説明が入るケースは、英語の大頻出パターンで、すごく重要です。

　なのでこのパターンがわかるようになると一気に読める文が増えていきます。

§2-2. The / A ... of ... （「主人公の説明」が入るケース）

文の先頭❷＋主人公の説明❶ ▶ 「The/A ... of ...」で始まる文

| 文の先頭のサイン | ✚ | 主人公の説明のサイン |

(1) The/A ... of ... で始まっていたらどこまでが主人公？

The love of ...

さて、この文はどこまでが主人公（主語）？

設計図を見るとわかるとおり、主人公の後は

「主人公（主語、**S**）の説明」が入るか
いきなり「行動（動詞、**V**）」か

どちらかです。

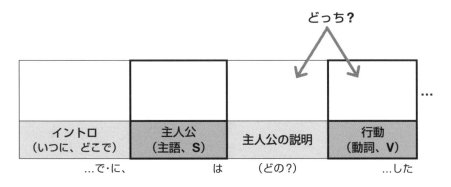

イントロ （いつに、どこで）	主人公 （主語、**S**）	主人公の説明	行動 （動詞、**V**）	...
...で・に、	は	（どの？）	...した	

実は、特に The ... で始まる文は、「主人公（主語、**S**）の説明」が入るケースがほとんどなのです。

(2)「主人公の説明」って何？

The love　　　　　　　is forever.　　　　　──①

The love of a mother　is forever.　　　　──②

例えば、上の２つの文はどう違うかわかりますか？
①は「愛は永遠だ」ですね。

The love　　　　　　is　　　　forever.　　　──①
主人公（主語、S）　　行動（動詞、V）

では②は？

The love of a mother is forever.　　　　──②

これは主人公の後に「**主人公の説明**」が付いているのですね。

The love　　〈 **of a mother** 〉　　is　　　forever.　──②
主人公　　　　主人公の説明　　　行動
　　　　　　　　　　☞
　　　　　　　　初登場！
「母の愛 **は** 、永遠だ」

つまり、「of ＋ 名詞」のような「**前置詞＋名詞**」が今度は主人公と行動の間にありますね。
これは主人公にも、もちろん行動にもなれないので、絶対に「主人公の説明」にしか使えないのです。

　　主人公の後ろは、原則「行動（動詞、V）」だが、
　　その前に「主人公の説明」を付けることもできる

ということ
つまり、設計図はこうなっているということですね。（次ページ：確認事項①）

確認事項 ❶

☆ 主人公の後ろは？

主人公と行動の間に**「主人公の説明」**を入れることができる！（典型は of ...）
主人公と行動の間に置けるのはこの主人公の説明だけ！
つまり設計図はこうなっている！

(   ) □□□ （前＋名 など） □□ ...

イントロ   主人公 は   主人公の説明   ○○する

☞

重要！

「その主人公 は 、（どの?）〜」

だいたい3〜4割の文に「主人公の説明」が付いている。

■「主人公の説明」が入る場合の訳：

　「〜の主人公 は 、○○した...」

■ あくまで主人公に「は」を付けて訳す！ ☞ ここが重要

(3) 典型は、The / A ○○ of ... パターン

そして主人公の説明の典型的な形が、「**of ＋名詞**」などの「前置詞＋名詞」なんですね。

つまり、主人公がわかったらその**直後の形**を見てください。

　ofなどの前置詞が来ていたら

「主人公の説明が入って、その後が行動部分 (動詞、V) だな」

と次のような形を予想しながら読んでください。

　<u>○○○</u>　**of　...**
　主人公
　⬇
「" 前置詞＋名詞 " の主人公の説明が行動の前に入ったパターンだな」
　⬇
「ならば行動部分 (動詞、V) はその後だな」
　⬇
　<u>○○○</u>　　　〈 **of ...** 〉　　●●●...
　主人公　　　主人公の説明　　行動部分

以上を設計図で書くとこんな感じですね。

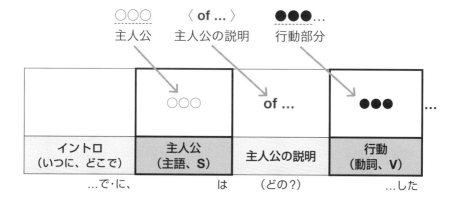

(4) 訳は「タスキ掛け」で「...の○○」と訳す

つまり**英語は後ろに説明が付く**ということですね。

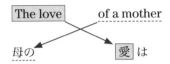

日本語と英語はこのようにタスキ掛けしたような形になるということです。
基本的に「〜の○○」の「の」という感じ

〜 の主人公 は

と訳してください。
いろんな愛の中で、母の...という**"限定"**が付く感じです。

　英語は The ...という冠詞を名詞の前に付けるので、それより前に説明語（修飾語）を付けられなくて、補足説明があるときは後ろに回すのですね。（これは冠詞が A の場合も同じです）
　逆に日本語は「は」などの「てにをは」を後ろに付けるため、後ろには説明が付けられなくて、前に説明を付けるのですね。

```
確認事項 ❷
```

☆ 名詞の説明の付け方

■**英語は**　☞　**後ろに説明を付ける**（後置修飾方式）
　　　　　　　　※ **The**など冠詞が前なので

■**日本語は**☞　**前に説明を付ける**　（前置修飾方式）
　　　　　　　　※「てにをは」を後ろに付けるので

英語はよく「**おおまか** ⇨ **こまか**」の法則などと言われます。
おおまかに言っておいて、こまかな説明を後に付ける。
その愛はどの？　母の、という感じ。
このつなげ方はよくチェーン（くさり）にも例えられます。

主人公　　　　　　　　　主人公の説明

つまり、どこまでが主人公かと言うと...
of の前までが主人公ということ。切れ目に注意！

The　○○○　/　of ...

ここが切れ目
（**of**の前までが主人公）

119

(5) 主人公の説明のサインはofだけ？

　「主人公の説明のサイン」は以下の通り合計8つあり、第3章でくわしくやります (p.255から) が、今は最頻出の of パターンぐらいを知っておけばいいと思います。

◎「主人公（主語、S）の説明」のサインは8つ (後でくわしくやります)

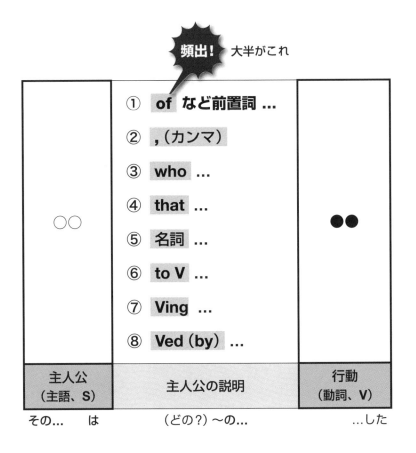

※主人公の直後にこの8つのサインが出てきたら必ず主人公の説明付き

(6) 行動部分はその後にある

そして「主人公の説明」の後ろに必ず行動部分 (動詞、V) が出てきます。
前に行動部分は独特の形をしているのでわかると言いましたね。(p.93)

行動部分は以下の3通りでした。

訳

- is, was などの「**be動詞**」　☞　＝（イコール）
- started などの「**一般動詞**」　☞　〜した
- was scolded などの「**受身**」　☞　〜された

まとめると次のようになります。

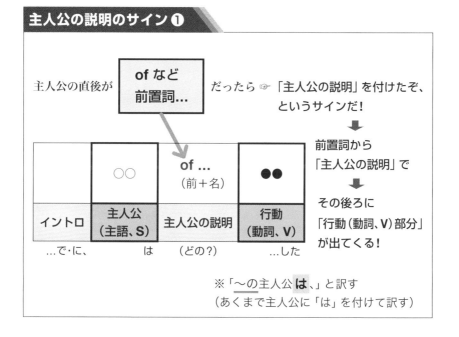

それでは練習してみましょう。

● 練習問題 ●

次のそれぞれの英文（前半部分）を前半の設計図に割り振って訳も付けてみましょう。

■ レベル1：頻出の「The/A ○○ of ...」パターンが読めるか _____

▶練習1　　　　　　　　　　　　　　　　　　自己採点＝（　　）点/10点

The water of Okayama prefecture is …

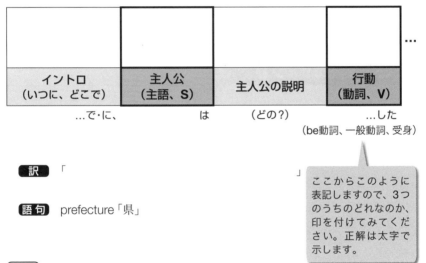

イントロ （いつに、どこで）	主人公 （主語、S）	主人公の説明	行動 （動詞、V）
…で・に、	は	（どの？）	…した （be動詞、一般動詞、受身）

訳 「　　　　　　　　　　　　　　　　　　　　　」

語句 prefecture「県」

ここからこのように表記しますので、3つのうちのどれなのか、印を付けてみてください。正解は太字で示します。

正解

The water **of** Okayama prefecture **is** …

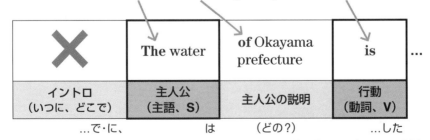

✗	The water	of Okayama prefecture	is …
イントロ （いつに、どこで）	主人公 （主語、S）	主人公の説明	行動 （動詞、V）
…で・に、	は	（どの？）	…した （**be動詞**、一般動詞、受身）

訳 「岡山県<u>の</u>水**は**、=…」

The …なので「主人公始まり」ですが、どこまで？と思っていると、of があって「of から説明が入ったのか」とわかるので、of の前までの The water が主人公ですね (☞ 主人公の箱へ)。

そして、of から主人公の説明の箱に入れますが、is という行動部分特有のカタチ (タイプ① be 動詞) が出てきているので、ここまでが説明ですね。

「その水は、(どの ?)　岡山県の…」という流れなので、きれいに訳すと、「岡山県**の**水 **は**、」になります。

基本的には、説明は「の」という感じ。

▶練習2　　　　　　　　　　　　　　　　　自己採点＝（　　）点/10点

The source of the briny water is …

(Mainichi Weekly: Oct. 9, 2015)

	主人公 (主語、S)		行動 (動詞、V)	…
イントロ (いつに、どこで)	主人公 (主語、S)	主人公の説明	行動 (動詞、V)	

...で・に、　　　　　　　　　　　は　　　（どの?）　　　　...した
　　　　　　　　　　　　　　　　　　　　　　　　　　（be動詞、一般動詞、受身）

訳 「　　　　　　　　　　　　　　　　　　　　　」

語句 source「源、起源」　briny「塩水の、塩辛い」

123

正解

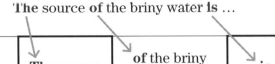

The source of the briny water is …

	The source	of the briny water	is	…
イントロ (いつに、どこで)	主人公 (主語、S)	主人公の説明	行動 (動詞、V)	
…で・に、	は	（どの？）	…した	

（be動詞、一般動詞、受身）

訳　「塩水の起源 は、＝…」

of から主人公の説明の箱に入れられましたか？

その後、行動部分の is が出てきていますね。

ちなみに、この後の後半は「謎です」と続きます。塩水の起源（どこから生まれたのか）は謎なのですね。

次は練習4と7以外、後半まですべて見せますが、分類と訳は前半（太字部分）だけでいいです。

▶練習3　　　　　　　　　　　　　　　　自己採点＝（　　）点/10点

The number of pet dogs fell by about 13% over five years, from 11.861 million in 2010 to 10.346 million in 2014.

(The Wall Street Journal: Oct. 26, 2015)

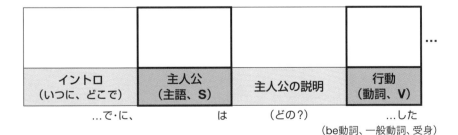

イントロ (いつに、どこで)	主人公 (主語、S)	主人公の説明	行動 (動詞、V)	…
…で・に、	は	（どの？）	…した	

（be動詞、一般動詞、受身）

前半の訳　「　　　　　　　　　　　　　　　　　　　　　　　　　」

語句　number「数」　pet dogs「ペットの犬」　fell「fall（落ちる、下がる、減少する）の過去形」　by about 13%「約13パーセントだけ」（by は程度や差を表す」）　over five years「5年間にわたって」

正解

The number of pet dogs fell by about 13% over five years, from 11.861 million in 2010 to 10.346 million in 2014.

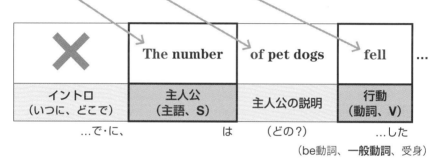

✕	**The number**	**of pet dogs**	**fell**	...
イントロ （いつに、どこで）	主人公 （主語、**S**）	主人公の説明	行動 （動詞、**V**）	
…で・に、	は	（どの？）	…した	

（be動詞、**一般動詞**、受身）

前半の訳　「ペットの犬の数は、減少した…」

The ... で始まっているので「主人公始まり」ですね。

「その数は」と言っておいて、どの数？　ということで、「ペットの犬の」という説明が付いているわけです。

説明の後に fell という行動部分が出てきていますね。ここが前半の最後です。

一般動詞の後半部分は p.177 で扱いますが、「5年間で約13%...」と続きます。猫の人気に押されて、ペットの犬の数は5年間で13% も減少しているようですね。

▶練習4　　　　　　　　　　　　　　　　自己採点＝（　　　）点/10点

The flexibility of private schools means …

(Newsweek: Nov. 3, 2016)

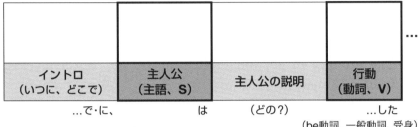

				…
イントロ （いつに、どこで）	主人公 （主語、**S**）	主人公の説明	行動 （動詞、**V**）	
…で·に、	は	（どの？）	…した （be動詞、一般動詞、受身）	

訳　「　　　　　　　　　　　　　　　　　　　　　　　　　　」

語句　flexibility「柔軟性、フレキシビリティ」　private school「（公立ではな
く）私立学校」　mean「意味する」

（正解）

The flexibility of private schools means …

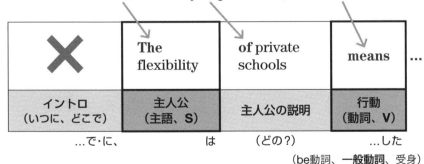

✕	**The flexibility**	of private schools	**means**	…
イントロ （いつに、どこで）	主人公 （主語、**S**）	主人公の説明	行動 （動詞、**V**）	
…で·に、	は	（どの？）	…した （be動詞、**一般動詞**、受身）	

訳　「私立学校の柔軟性は、意味する…」

単語が難しくなった感がありますが、**あくまでカタチで読んでいきます**。

The ...なので「主人公始まり」、of から説明で、means という行動部分が出てきていますね。

「その柔軟性は、（どの？）　私立学校の...」という流れです。

全体は「私立学校の柔軟性は、意味する / 以下のことを」という感じ。

ちなみに実際の文では、「以下のことを」とは「世界の最新トレンドに合わせられることを」という文でした。

公立校と違って私立校は自由なので、変化に応じて柔軟にカリキュラムを変えられるということですね。

次は「A ...始まり」のケースです。練習3と同じく、分類と訳は前半の太字部分だけでけっこうです。

▶練習5　　　　　　　　　　　　　　　　　　　　　自己採点＝（　　　）点/10点

A team of more than 100 people has done joint research with a single goal of producing scientific results.

(The Wall Street Journal: Oct. 6, 2015　*一部改)

	主人公 （主語、S）	主人公の説明	行動 （動詞、V）
イントロ （いつに、どこで）			

...で・に、　　　　　　　は　　　（どの？）　　　　...した
　　　　　　　　　　　　　　　　　　　　　　（be動詞、一般動詞、受身）

【前半の訳】　「　　　　　　　　　　　　　　　　　　　　　　　　　」

【語句】　more than ... 「...以上の」　done「do（する、行う）の過去分詞」
joint research「合同調査、ジョイントリサーチ」　produce「生み出す」　scientific results「科学的結果、科学的発見」

【ヒント】　ノーベル賞を受賞した日本人学者へのインタビュー

[正解]

A team of more than 100 people has done joint research with a single goal of producing scientific results.

✕	A team	of more than 100 people	has done	...
イントロ （いつに、どこで）	主人公 （主語、S）	主人公の説明	行動 （動詞、V）	
...で・に、	は	（どの？）	...した	

（be動詞、**一般動詞**、受身）

[前半の訳] 「100人以上の1つのチーム**は**、行ってきた...」

A ...で始まっているので「主人公始まり」ですね。「1つのチームは（どんな？）」

そして of があるので、そこから主人公の説明が入って、その後に行動部分の has done が見えたかな？

完了形なので「現在まで長い間行ってきた」というニュアンスですね。

ノーベル賞は決して一人の力ではなく、100人以上からなるチームの成果だというわけです。

「100人以上からなる1つのチームは、行ってきた / 合同調査を、1つの科学的成果を生み出すことをゴールにして」という文ですね。

次は of 以外の前置詞のケースです。

■ レベル2：of 以外の前置詞 _____

▶練習6　　　　　　　　　　　　　自己採点＝（　　　）点/10点

The seawater by Tokyo's Kasai Rinkai Park is only slightly cooler than body temperature. (岡山大)

			...
イントロ (いつに、どこで)	主人公 (主語、S)	主人公の説明	行動 (動詞、V)

　　　　　…で・に、　　　　　　は　　　　（どの？）　　　　…した
　　　　　　　　　　　　　　　　　　　　　　　（be動詞、一般動詞、受身）

【前半の訳】「　　　　　　　　　　　　　　　　　　　　　　　　」

【語句】 seawater「海水」 by「…のそばの、近くの」 Kasai Rinkai Park「葛西臨海公園」 slightly「わずかに」 body temperature「体温」

【正解】

The seawater by Tokyo's Kasai Rinkai Park is only slightly cooler than body temperature.

✗	The seawater	by Tokyo's Kasai Rinkai Park	is	...
イントロ (いつに、どこで)	主人公 (主語、S)	主人公の説明	行動 (動詞、V)	

　　　　　…で・に、　　　　　　は　　　　（どの？）　　　　…した
　　　　　　　　　　　　　　　　　　　　　　　（be動詞、一般動詞、受身）

前半の訳 「東京の葛西臨海公園の近くの海水は、＝…」

まず The …なので「主人公始まり」ですね。「その海水は（どの？）」。

そして **by という前置詞があるので、ここから主人公の説明**です。of じゃなくても前置詞なら主人公の説明をつけたというサインです。

「東京の葛西臨海公園の近くの海水」ですね。

そして前半の最後に行動部分の is がありますね。

「体温よりほんの少し低いぐらい」なので、海水の温度としてはそうとう熱いということですね。

次は主人公の説明が長くなるケースです。

■ **レベル3：長い主人公の説明** _____

▶ **練習7**　　　　　　　　　　自己採点＝（　　　）点/10点

A report by the U.S. Department of Education found …

(Newsweek: Nov. 3, 2016)

イントロ (いつに、どこで)	主人公 (主語、S)	主人公の説明	行動 (動詞、V)	…
…で・に、	は	（どの?）	…した (be動詞、一般動詞、受身)	

訳 「　　　　　　　　　　　　　　　　　　　　　　　　　」

語句 report「レポート、報告書」 by「…による」 US Department of Education「米国教育省」 found「find（見つける、発見する、気づく）の過去形」

正解

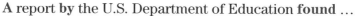

A report **by** the U.S. Department of Education **found** …

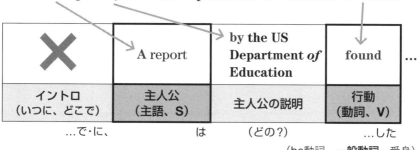

✕	A report	by the US Department *of* Education	found …
イントロ (いつに、どこで)	主人公 (主語、S)	主人公の説明	行動 (動詞、V)
…で・に、	は	(どの？)	…した

(be動詞、**一般動詞**、受身)

■ **訳** ■ 「米国教育省**による**レポート**は**、発見した…（以下のことを）」

A …なので A report は主人公ですね。「レポートは」。

次の by から「前置詞＋名詞」のセットが2セット続いて、主人公の説明になっていますね。「by … of …」で「米国の省による、（どの省？）　教育の」という感じ。

そして最後に行動部分の found が見えますね。「そのレポートは、発見した、以下のことを」。

「…の論文（レポート、研究など）は、発見した、以下のことを」という言い方もよく出てくる定番ですよ。

次からの2問は前半部分がやや長くなりますが、今までと同じようにやってみましょう。

▶練習8   自己採点＝（   ）点/10点

The number of inbound tourists in the first four months of the year surged 43 percent from the same period of 2014.

（青山学院大・法）

			...
イントロ （いつに、どこで）	主人公 （主語、S）	主人公の説明	行動 （動詞、V）

...で・に、　　　　　　は　　（どの？）　　　　...した
　　　　　　　　　　　　　　　　　　　（be動詞、一般動詞、受身）

前半の訳　「　　　　　　　　　　　　　　　　　　　　　　　　　　」

語句　inbound tourists「インバウンド観光客（海外からの観光客）」 the first four months「最初の4か月」 surge「急増する、急上昇する」 the same period「同じ期間」

（正解）

The number of inbound tourists in the first four months of the year surged 43 percent from the same period of 2014.

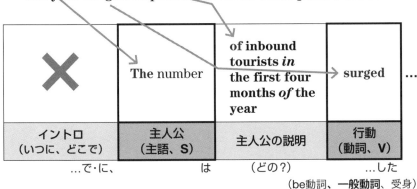

✕	The number	of inbound tourists *in* the first four months *of* the year	surged　...
イントロ （いつに、どこで）	主人公 （主語、S）	主人公の説明	行動 （動詞、V）

...で・に、　　　　　　は　　（どの？）　　　　...した
　　　　　　　　　　　　　　　　　　（be動詞、**一般動詞**、受身）

前半の訳 「その年の最初の4か月間のインバウンド観光客の数は、急上昇した…」

まず The …なので、「主人公始まり」ですね。「その数は（どの数？）」。

そして of があるのでここから主人公の説明です。the year まで主人公の説明になりますが、of inbound tourists の後にも in …と of …があって、長い主人公の説明になっています。それらは以下のようにとらえます。

どこまでが説明なのか、行動部分をさがすと前半の最後に surged がありますね。**-ed** と行動（動詞、**V**）部分のカタチをしているので、これがどうやら行動部分（動詞、V）のようです。ならばその前までが主人公の説明ということですね。

長い主人公の説明部分、訳せましたか？ 基本的には前からどんどん訳していきます。

The number **of inbound tourists**… なので、
「…インバウンド観光客の数は」 ということですね。

それに情報が加わり、

The number of inbound tourists **in the first four months** なので
「最初の**4**か月間のインバウンド観光客の数は」 ということ。

最初の4か月とは？

The number of inbound tourists in the first four months **of the year**
なので、
「その年の最初の4か月間のインバウンド観光客の数は」 ということですね。

英語は後ろにどんどん情報が加わり、日本語に訳すときは前にどんどん情報が加わる感じです。基本的にこのように「…の…」で情報を付け足していけばいいと思います。

とにかく**主人公の説明部分が長くなっているとわかること、そしてその説明の後に行動（動詞、V）部分が必ずあるとわかることが重要**ですよ。

2014年の同時期に比べてインバウンド観光客の数は43％も増えたのですね。
この英文がわかったらたいしたものです！

▶練習9　　　　　　　　　　　自己採点＝（　　）点/10点

A guide on the Web site of the Japan Elevator Association lists a number of reasons for not walking.　（早稲田大・商）

イントロ（いつに、どこで）	主人公（主語、S）	主人公の説明	行動（動詞、V）
...で・に、	は	（どの?）	...した

（be動詞、一般動詞、受身）

前半の訳　「　　　　　　　　　　　　　　　　　　　　　」

語句　guide「案内、ガイド」　Web site「ウェブサイト」　Japan Elevator Association「日本エレベーター協会」　list (動詞)「リスト化する、列挙する」　a number of「多くの...」　reasons for「...の理由」

ヒント　エスカレーターの話。エスカレーター上で歩くのは危険?

正解

A guide on the Web site of the Japan Elevator Association lists a number of reasons for not walking.

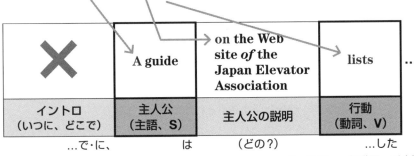

イントロ（いつに、どこで）	主人公（主語、S）	主人公の説明	行動（動詞、V）
✕	A guide	on the Web site *of* the Japan Elevator Association	lists
...で・に、	は	（どの?）	...した

（be動詞、**一般動詞**、受身）

【前半の訳】 「日本エレベーター協会のウェブサイト上の案内は、リスト化し
ている…」

A …で始まっているので「主人公始まり」のよう。「(ある1つの) 案内は (ど
の?)」。

その後に on という前置詞があるので、ここから主人公の説明ですね。

どこまでかと思うと、前半最後に lists が見えるので、これが行動部分っぽい
ですね。-s という、いわゆる「三単現の s」も付いていますし (主人公が三人称・
単数で行動部分が現在形のときは、行動部分 (動詞) に s を付けるというルール)。

なので、その前までが主人公の説明です。その説明が長いですが、

A guide **on the Web site**
ウェブサイト上の案内

A guide **on the Web site of the Japan Elevator Association**
日本エレベーター協会のウェブサイト上の案内

ということですね。長い主人公の説明の意味 (訳し方)、わかりましたか?

後半は「リスト化している、多くの理由を、歩いてはいけないための」なので、
エスカレーター上で歩いてはいけない理由を、ウェブサイト上の案内でリスト
化して載せているということです。

エスカレーター上で歩いては危険という警告をしているようですね。

(7) フルバージョン

「主人公の説明」が付くパターンどうでしたか？
わかってもらえたでしょうか。

最後は、このパターンにイントロが付くパターンもありますよね。
イントロも主人公の説明も付くフルバージョンです。

主人公 は、	動作 した ☞ シンプル
(イントロ) で、主人公 は、	動作 した ☞ イントロ付き
主人公 は、(主人公の説明)、	動作 した ☞ 主人公の説明付き
(イントロ) で、主人公 は、(主人公の説明)、	動作 した ☞ フルバージョン

では、イントロ付きの復習も兼ねて練習問題をやってみましょう。
前半の4つの箱すべてを使うパターンです。
これができたら、とりあえず前半部分の第一段階は卒業と言ってよいと思います。

● 練習問題 ●

次の英文の前半部分（太字部分）のみを設計図に正しく分類しなさい。太字
部分以外は無視してよい。

▶ **練習1**　　　　　　　　　　　　　　　自己採点＝（　　　）点/10点

In 1960, the average age of first marriage in the U.S. was 23
for men and 20 for women.　　　　　　　　　　　　　　（早稲田大・法）

イントロ (いつに、どこで)	主人公 (主語、**S**)	主人公の説明	行動 (動詞、**V**)	...
...で・に、	は	(どの？)	...した (be動詞、一般動詞、受身)	

訳　「　　　　　　　　　　　　　　　　　　　　　　　　　　　　　」

語句　average「平均」　age「年齢」　first marriage「初婚」

（正解）

In 1960, the average age of first marriage in the U.S. was 23
for men and 20 for women.

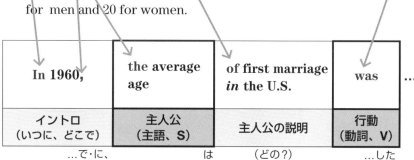

In 1960,	the average age	of first marriage *in* the U.S.	was	...
イントロ (いつに、どこで)	主人公 (主語、**S**)	主人公の説明	行動 (動詞、**V**)	
...で・に、	は	(どの？)	...した (**be**動詞、一般動詞、受身)	

訳 「1960年当時、アメリカの初婚**の**平均年齢**は**、＝…」

覚えていましたか？

　まず In ... で始まっているのでカンマまでイントロですね。これは「1960年に、」という「時の説明」です。

　そして、カンマの後が主人公。of が見えるので of の前までの the average age（その平均年齢は）が主人公（主語、S）ですね。

　of から説明が入り、どこまでかと思うと was があるので、これが行動部分（動詞、V）ですね。なので was の前までを説明の箱に入れます。「1960年時点での、アメリカの初婚の平均年齢は、」ですね。

平均年齢は、

初婚の 平均年齢は、

アメリカの 初婚の 平均年齢は、

あくまで平均年齢に「は」が付いてないとだめですよ。

前半の4つの箱、すべてを使ったフルバージョンの文ですね。

わかりましたか？

▶**練習2**　　　　　　　　　　　　自己採点＝（　　）点/10点

In the early part of the 20th century, escalators in the London Underground had a diagonal step-off point.

（早稲田大・商）

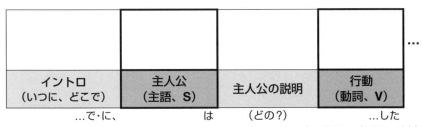

訳 「   」

語句 early part「初頭、上旬」 the 20th century「20世紀」 escalators「エスカレーター」 London Underground「ロンドン地下鉄」 diagonal「斜め線の、斜線の」 step-off point「降りるポイント」

※ これがわかったらすごい！

正解

In the early part of the 20th century, escalators in the London Underground had a diagonal step-off point.

In the early part of the 20th century,	escalators	in the London Underground	had	…
イントロ （いつに、どこで）	主人公 （主語、S）	主人公の説明	行動 （動詞、V）	
…で・に、	は	（どの？）	…した	

（be動詞、**一般動詞**、受身）

訳 「20世紀初頭、ロンドン地下鉄内**の**エスカレーター**は**、持っていた…」

In …で始まっているのでカンマまでイントロの箱に入れます。「初頭、20世紀の」なので「20世紀初頭、」という「時の説明」ですね。

カンマの後の escalators が主人公。in から主人公の説明で、前半最後の had が行動部分（動詞、V）ですね。

何を持っていたかというと「降りるポイントを」が直訳。

当時のエスカレーターには降りるポイントが書いてあったということでしょうか。

これもフルバージョンの文ですね。皆さんならもうわかるはず。

ロンドン地下鉄のエスカレーターが最古のエスカレーターだそうです。

▶練習3　　　　　　　　　　　　　　　　　　　自己採点＝（　　　）点/10点

In one study from 2005, people in the United Kingdom were asked if they had seen television footage of a well-publicized bus bombing.
（京都大）

			…
イントロ （いつに、どこで）	主人公 （主語、**S**）	主人公の説明	行動 （動詞、**V**）

　　　　　　…で・に、　　　　　は　　　　（どの？）　　　　…した
　　　　　　　　　　　　　　　　　　　　　　　（be動詞、一般動詞、受身）

訳　「　　　　　　　　　　　　　　　　　　　　　　　　　　　　」

語句　study「研究、調査」　ask if ...「...かどうかたずねる、質問する」
television footage「テレビの映像」　well-publicized「広く報道され
た」　bus bombing「バス爆破事件」

※なんと京都大学の英文ですよ。わかるかな？　わかったらすごい！

[正解]

In one study from 2005, people in the United Kingdom were asked if they had seen television …

In one study from 2005,	people	in the United Kingdom	were asked	
				…
イントロ （いつに、どこで）	主人公 （主語、**S**）	主人公の説明	行動 （動詞、**V**）

　　　　　　…で・に、　　　　　は　　　　（どの？）　　　　…した
　　　　　　　　　　　　　　　　　　　　　　　（be動詞、一般動詞、**受身**）

訳　「2005年の1つの研究の中**で**、英国**の**人々**は**、質問された /（…かどうかと）」

まず、「In …始まり」なのでカンマまでイントロですね。

from 2005がわかりにくいですが、「2005年から研究を持ってくると」という感じで、「2005年の研究の中で、」でいいと思います。

そして、people が主人公、in から主人公の説明ですね。

どこまでかと思うと前半最後に were asked があるので、これが行動部分（動詞、V）みたい。受身ですね。

なので、「たずねた（質問した）」ではなく「たずねられた（質問された）」が正解ですよ。何を質問されたかというと「大々的に報道されたバス爆破事件のテレビ映像を見たかどうかを質問された」という文でした。

京都大学の英文が読めた人はすごい！

＊

それでは文の先頭のサインに戻って、「基本 & 超頻出の英語の "文頭"1から4まで」のうち3つ目と4つ目に行きましょう。

ここから、**普通の名詞で始まるパターン**と、最重要の1つ、**There から始まる文**になります。に

§3.（普通の）名詞

文の先頭 ③ 「（普通の）名詞」で始まる文

(1)「普通の名詞」で始まっていたらどっちだ？

People are …

さてこの文は、イントロ始まり？　主人公始まり？

今度は「普通の名詞」から始まる文を考えてみましょう。
普通の名詞って何？と思うかもしれませんが、
要は、

The…、A…で始まっているわけではないけれど、
何か**"名詞っぽいもの"**から始まっているケース

ですね。
そういったケースももちろんあります。

主人公（主語、S）の定義は「**前置詞などの付いていない最初の名詞**」でした。
なので、そういったケースは In など前置詞 …が付いていませんから、
とりあえず People が主人公（主語、S）と考えて読んでいってください。
違っていたら修正すればいいですから。

> 何か最初にあるものが名詞っぽくて、
> In など前置詞…が付いていなければ、
> ☞ **とりあえず主人公（主語、S）と考えてみる**

People are …
　↘ たぶん主人公だろう…

他には例えば、

　　Students were …
　　Companies are …

などです。
次のようにまとめることができるでしょう。

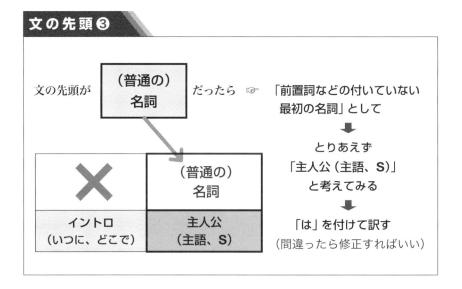

これはもうわかりますよね。そんなに難しくない。
それでは練習してみましょう。

● 練習問題 ●

次の英文の前半部分（太字部分）のみを設計図に正しく分類しなさい。太字
部分以外は無視してよい。

▶ **練習 1**　　　　　　　　　　　　　　　自己採点＝（　　）点/10 点

Supporters of walking on the escalator are often passionate
about its efficiency.

（早稲田大・商）

イントロ （いつに、どこで）	主人公 （主語、S）	主人公の説明	行動 （動詞、V）	...
...で・に、	は	（どの？）	...した (be動詞、一般動詞、受身)	

訳　「　　　　　　　　　　　　　　　　　　　　　　　　　　　　　　」

語句　supporters「支持者」　walking on the escalator「エスカレーター上
で歩くこと」　passionate「情熱的な、熱心で」　efficiency「効率性」

ヒント　エスカレーターでの話。歩いてよい派と歩いてはいけない派に分か
れるようです。

正解

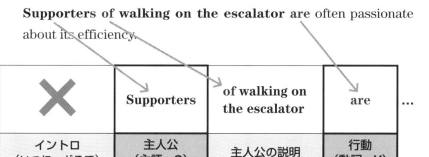

Supporters of walking on the escalator are often passionate about its efficiency.

✗	**Supporters**	of walking on the escalator	are	...
イントロ (いつに、どこで)	主人公 (主語、**S**)	主人公の説明	行動 (動詞、**V**)	
...で・に、	は	(どの?)	...した	

（**be動詞**、一般動詞、受身）

訳　「エスカレーターの上で歩くことの 支持者たち **は**、＝...」

　先頭の Supporters は特に In などの前置詞もついていないので、**「前置詞などの付いていない最初の名詞」**っぽいですね。とりあえず主人公（主語、**S**）と考えましょう。名詞の複数形の s も付いていますし。

　続いて of があるので、ここから主人公の説明ですね。

　前半最後に are があるので、その前までが説明、are が行動部分（動詞、V）みたいです。

支持者たちは、

⬇

<u>歩くことの</u> 支持者たちは

⬇

<u>エスカレーターの上で歩くことの</u> 支持者たちは、

　こんな感じで情報が付け加わっている感じです。

　あくまで Supporters に「は」を付けて訳せましたか?

　全体は「歩いてもよい派は、その理由として、その効率性を上げる」といったところですね。

145

▶練習2　　　　　　　　　　　　　　　　　　　自己採点＝（　　）点/10点

Britain must be the first nation to promote the idea of standing
on the right.

（早稲田大・商学部・一部改）

イントロ （いつに、どこで）	主人公 （主語、**S**）	主人公の説明	行動 （動詞、**V**）	...
...で・に、	は	（どの？）	...した （be動詞、一般動詞、受身）	

訳　「　　　　　　　　　　　　　　　　　　　　　　　　　　　　　　　」

語句　Britain「イギリス」　must be「...に違いない」　promote「促進する、
奨励する、プロモートする」　the idea of「...という考え、アイデア」
stand on the right「右側に立つ」

ヒント　エスカレーターで日本人は左に立ち、右側を急ぐ人のために空けて
おくという話。そのルーツは...。

（正解）

Britain must be the first nation to promote the idea of standing
on the right.

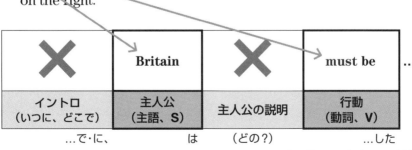

イントロ （いつに、どこで）	主人公 （主語、**S**）	主人公の説明	行動 （動詞、**V**）	...
✕	**Britain**	✕	**must be**	
...で・に、	は	（どの？）	...した （**be動詞**、一般動詞、受身）	

訳 「イギリス**は** = (...であるに違いない) ...」

最初の Britain は、特に前置詞など付いてないので、主人公 (主語、S) と考えてよさそうですね。「イギリスは、」。

そして次の must be が**2語セットで行動部分 (動詞、V)** とわかったかな?

これは3つの行動部分のタイプ (p.93) のうちどれでしょう?

最後が be なので作者は「**be動詞だよ**」と言っているのですね。

つまり、「**イギリス＝最初の国**」というイコール関係が基本。

さらに must がついているので、これは事実ではなく**あくまで作者の想像の世界と言っている**わけです。「おそらくそうだろう、そうに違いない」というニュアンスを付け足しているのですね。

*

次はいよいよ、1文1文ではなく、いくつものパラグラフ (段落) からなる文章を見てみましょう。

(2)〔ちょっとひと息〕入試問題で検証してみましょう

　「In …など前置詞始まり」と「The … / A …始まり」の文が絶対出てくる、一番多いはず！という私の"予言"は当たっているでしょうか？
　早稲田大学の問題で検証してみます。

　What is the correct etiquette when on an escalator? Should you walk up the escalator to help quicken everyone's journey, or remain still to keep everything orderly? If you do stand still, should it be on the left or on the right of the escalator? Some readers probably have some strong views on this matter. *Recently, officials in Japan have been* (　A　) *a set of rules governing escalator use in the country* that will sound odd to many around the world. Do not walk. Stand on (　B　).

　The Yomiuri Shimbun reports that 51 railway operators and airport-related companies have banded together to support the no-walk campaign. "The number of accidents decreases during the campaign period but the practice of keeping one side open is strongly (　C　)," a public relations official at East Japan Railway Co. explained to the newspaper. 'We'd like to positively appeal to people to change the practice.'

　"It's not necessary to leave one side open," an official from the Japan Elevator Association, a body of elevator and escalator manufacturers, added. "There are some people who have an arm or a hand that is incapable of functioning and have difficulty keeping a specific side open." The campaign also calls for escalator riders to leave one step between them and the rider before them. It's true that the practice of keeping one side of the escalator open for people wishing to walk has become common in Japan, but it isn't uniformly observed nationwide. In Tokyo, people tend to stand to the left to let others pass on the right; in Osaka, they tend to stay on the right. Around the world, however, most countries, if they favor a side, seem to favor standing on the right and walking on the left.

Britain appears to have been the first nation to promote the idea of standing on the right. Exactly why is unclear. It may have been because of the country's practice of driving on the left-hand side, but in 2009 the BBC advanced another theory: In the early part of the 20th century, escalators in the London Underground had a diagonal* step-off point "clearly (　D　) for the right foot first so standing on the right made sense." The idea has since spread around the world, including in the United States, Germany and Taiwan.

Supporters of walking on the escalator are often passionate about its efficiency. I don't have anything in common with people who stand on escalators," billionaire and former New York mayor Michael Bloomberg told *The New York Times* last year. I always walk around them — why waste time? You have (　E　) to rest when you die."

In Japan, however, the worry is that walking on the escalator could increase your chances of dying. Earlier this year, Japan's Consumer Affairs Agency warned that 3,865 people in Tokyo alone had required hospital treatment for injuries suffered on escalators from 2011 to 2013. A guide on the Web site of the Japan Elevator Association lists a number of reasons for not walking, which include the risk of slipping or falling because you are unbalanced. "There is a possibility of death or serious injury," the guide notes.

(Adapted from *The New Zealand Herald*, September 7, 2015)

注 diagonal 斜めの

(早稲田大・商)

Q 「**In** など前置詞 ...」から始まる文をさがしてみましょう！

「**The ... / A ...**」から始まる文をさがしてみましょう！

「**The / A ...＋ of** など前置詞」で始まる文もさがしてみましょう！

「(普通の) 名詞」から始まる文もさがしてみましょう！

やはり「**In** など前置詞始まりの文」ばかりですね！

In Tokyo, people tend to stand to the left … （第3パラグラフ9行目）

In Osaka, they tend to … （第3パラグラフ10行目）

Around the world, however, most countries … （第3パラグラフ11行目）

In the early part of the 20th century, escalators in the London Underground had a diagonal step-off point … . （第4パラグラフ4行目）

In Japan, however, the worry is that … （第6パラグラフ1行目）

そして「**The … / A …**始まりの文（＋**of** など前置詞）」ばかりですよね！

The *Yomiuri Shimbun* reports that 51 railway operators and airport-related companies have banded together to support the no-walk campaign. （第2パラグラフ1行目）

The number **of** accidents decreases during the campaign period. （第2パラグラフ3行目）

The campaign also calls for escalator riders to leave one step between them and the rider before them. （第3パラグラフ5行目）

The idea has since spread around the world. （第4パラグラフ7行目）

A guide **on** the Web site of the Japan Elevator Association lists a number of reasons for not walking. （第6パラグラフ5行目）

などなどいっぱいあります。
そして「**普通の名詞で始まる文**」も多いですね。
どうですか？　言った通りでしょ?!

それでは続いて、**文の先頭④「There …」**から始まる文です。
これはとてもとても重要なパターンです。なので絶対マスターしてください。
設計図の重要例外なのです！

§4. There ... 重要!

文の先頭 ❹ 「 There ... 」から始まる文

There ... で始まる文の読み方は？

There was a girl ...

さてこの文は、イントロ始まり？ 主人公始まり？ それとも...

There から始まる文は、実は超重要パターンです。

これはマスターしてほしい。簡単なので。

これは実はいつもの**設計図の重要例外**で、次のような **There** 専用設計図で書かれているのです。

◎ **There** 専用設計図（設計図の重要例外）

「**存在の文**」とか言われている文ですね。

実際には次のような文でした。設計図をどう使ったかわかりますか？

割り振ってみよう！ そして訳をしてみましょう！

There was a girl with long hair.

訳　「　　　　　　　　　　　　　　　　　　　　」

正解はこうですね。ちゃんと入れられましたか？

正解

訳せない ＝ 設計図が変わったというサイン

There was a girl **with** long hair.

訳　「髪の長い少女**が**いた」

be 動詞があって、その後にあるものが主人公なので、a girl が主人公（主語、S）ですね。そして、その後の with から主人公の説明の箱に入れてください。

... 少女**が**いた
⬇
髪の長い 少女**が**いた

152

主人公に「が」を付けて訳すのがポイント。そして主人公の説明をその主人公の前に付けたらおしまいですね。

There の訳がどこにも出てきていないことに注意。あくまで設計図が変わったというサイン（記号）なのです。 これは頻出なので要注意です。

滅多にないですが、There の前にイントロを付けることも可能です。

まとめると次のようになります。

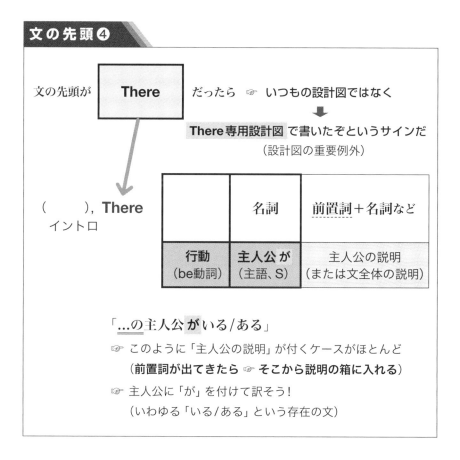

「文全体の説明」とは、「...がいる／ある」という文なので、「どこに」いるのか、「いつ」いたのかといった「場所の説明」や「時の説明」が付くケースもたまにあるということです。でも大半は「主人公の説明」です。

それでは練習してみましょう。

● 練習問題 ●

次の英文を設計図に分類して訳してみましょう。

■ レベル 1：通常パターン

▶練習 1　　　　　　　　　　　　　　　自己採点＝（　　）点/10点

There is a possibility of death or serious injury.　　（早稲田大・商）

（　　　　）, **There** イントロ			
行動 （be動詞）	**主人公 が** （主語、S）	主人公の説明 （または文全体の説明）

訳　「　　　　　　　　　　　　　　　　　　　　　　　　　　　」

語句　possibility「可能性」　death「死」　serious injury「大けが、重症」

ヒント　エスカレーターの上では歩いたり、走ったりしないほうがいい。もし歩いたり、走ったりすると…。

正解

There is a possibility **of** death or serious injury.

（　　　　）, **There** イントロ	**is**	a possibility	**of** death or serious injury.
	行動 （be動詞）	**主人公 が** （主語、S）	主人公の説明 （または文全体の説明）

訳　「死や大けがの可能性 が ある」

154

　There の後、be動詞があって、**その後にあるものが主人公 (主語、S)** ですね。
「…可能性がある」。

　そして、**of ...があるのでここから主人公の説明**が続いています。何の可能性
があるのか説明しているのです。「死や大けがの可能性」ですね。

　訳は説明部分を二重線で表しています。エスカレーター上で歩いたり走った
りするとそのような可能性があるそうです。

▶ **練習2**　　　　　　　　　　　　　　　　　自己採点＝（　　）点/10点

　　There were about 400 people in line as of 11 a.m. Friday.

（The Wall Street Journal: Nov. 13, 2015）

（　　　　　）, **There**
イントロ

行動 (be動詞)	主人公 が (主語、S)	主人公の説明 （または文全体の説明）

訳　「　　　　　　　　　　　　　　　　　　　　　　　　　　　　　」

語句　about「（副詞）約…」　in line「並んで、行列して」　as of「…時現在」
a.m.「午前」

〔正解〕

There were about 400 people **in** line as of 11 a.m. Friday.

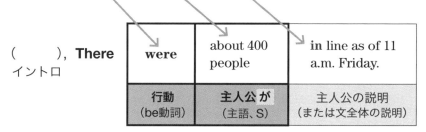

（　　）, **There**
イントロ

行動 (be動詞)	主人公 が (主語、S)	主人公の説明 （または文全体の説明）
were	about 400 people	in line as of 11 a.m. Friday.

訳 「金曜日の午前11時現在で、並んだ状態の約400人がいた」
(約400人の行列ができていた)

　Thereの後、be動詞があって、**その後の about 400 people が主人公(主語、S)** ですね。「…約400人がいた」。「人」なので「いた」と訳しました。

　そして、**in …から主人公の説明**。in line なので「並んだ状態の、行列状態の、行列の」が直訳。行列を作った400人がいたわけですね。

　さらに as of a.m. 11 …と続きます。「金曜日の午前11時の時点で」なので、これは文全体の説明、つまり「時の説明」ですね。

　これは Shake Shack Opens Doors in Japan という見出しの、シェイクシャックが開店した午前11時に行列ができていたという記事でした。

　文全体の説明(時や場所の説明)は一重線、主人公の説明は二重線で表しました。

金曜日の午前11時現在で、　並んだ状態の約400人がいた
　　　☞　　　　　　　　　☞
　文全体の説明　　　　主人公の説明
(いつの話か＝時の説明)

▶**練習3**　　　　　　　　　　　　自己採点＝(　　)点/10点

There were 79 samurai in Kira's mansion.

(The Yomiuri Shimbun: Feb. 2, 2016)

(　　　), **There** イントロ		
行動 (be動詞)	**主人公 が** (主語、S)	主人公の説明 (または文全体の説明)

訳 「　　　　　　　　　　　　　　　　　　　　　　　　」

語句 samurai (単複同形)「侍」 Kira「吉良上野介(赤穂事件の敵役として有名な幕臣)」 mansion「邸宅」(Kira's mansion「吉良邸」)

ヒント　主君の敵を討つため、子分の大石内蔵助ら赤穂浪士47名が吉良邸に押し入り、吉良の首をとったという話。この赤穂事件は「忠臣蔵」として年末になると何度も映画やドラマになっています。

正解

There were 79 samurai **in** Kira's mansion.

( ), **There** イントロ	**were**	79 samurai	**in Kira's mansion.**
	行動 （be動詞）	主人公が （主語、S）	主人公の説明 （または文全体の説明）

訳　「吉良邸の中には、79人の侍**が**いた」

in …以降は、どこにいたのかという場所の説明のようです。79人も侍がいて、吉良を守っていたのに守り切れなかった。赤穂浪士47名に79人が負けたという話。

次は何と東大の入試英文です。これがわかったらすごい！　あなたも東大生？

▶ **練習5**　　　　　　　　　　　　　自己採点＝（　　）点/10点

There was great public protest against the use of "anti-homeless" spikes outside a London residential complex.　　　（東京大）

( ), **There** イントロ			
	行動 （be動詞）	主人公が （主語、S）	主人公の説明 （または文全体の説明）

訳　「　　　　　　　　　　　　　　　　　　　　　　　　　」

語句 great「大きな、大規模な、偉大な」 public「公的な」 protest「抗議、抗議運動」 against「（前置詞）…に対する」 use（名詞）「使用」 "anti-homeless" spikes「アンチホームレス・スパイク（鋲）」 outside「（前置詞）…の外、郊外」 residential complex「集合住宅」

ヒント 英国でホームレスを追い出すためのスパイク（鋲＝びょう）を政府が設置。その強引なやり方に市民は…。

[正解]

There was great public protest **against** the use of "anti-homeless" spikes outside a London residential complex.

（ ）, **There** イントロ	**was**	great public protest	**against** the use *of* "anti-homeless" spikes *outside* a London residential complex.
	行動 (be動詞)	主人公 が (主語、S)	主人公の説明 (または文全体の説明)

訳 「ロンドン集合住宅の郊外のアンチホームレス・スパイクの使用に対する大規模で公的な抗議運動 **が** あった」

やはり間違えた人も多いと思います。

against（発音：アゲ（イ）ンスト）は前置詞とヒントを与えておきました。それに気づいた人は、**against から説明の箱**に入れたと思います。

be 動詞があって、その後の great public protest が主人公なので「…大規模な公的抗議行動があった」ですね。まずそこが一番重要な情報ですよ。あとはその説明がついているわけです。「アンチホームレス・スパイクの使用に対する」抗議行動ですね。

そしてさらに「ロンドンの集合住宅郊外の」とあります。これは「ロンドンの集合住宅郊外の（に設置された）スパイク」という意味なのか、この抗議行動が

起こった場所なのか、この文だけではわかりませんが、とりあえず設置された場所、つまりアンチホームレス・スパイクの説明として訳してみました。

　これがわかった人、訳せた人はすごい！　しかし**東大の英文でもちゃんと設計図を知っていれば読める**こともわかったと思います。

■ **レベル2：「...はない」パターン** _____

▶**練習6**　　　　　　　　　　　　　　　　　　自己採点＝（　　　）点/10点

There was no question about the quality or interest of the work itself.
（青山学院大・文・一部改）

（　　　　　）, **There**
イントロ

行動 (be動詞)	主人公 が (主語、S)	主人公の説明 (または文全体の説明)

訳　「　　　　　　　　　　　　　　　　　　　　　　　　　　　　　」

語句　question「疑問」(no question「疑問の余地はない」→「明らか」)
quality「質」　interest「意義、興味」　itself「それ自体」

ヒント　女性の社会進出の話です。女性はタイプライターや速記係、書記などの仕事から徐々に仕事をスタートさせた。つまり仕事の質自体は男性に比べ劣るのは明らかだった...。

(正解)

There was no question **about** the quality or interest of the work itself.

	was	no question	**about** the quality or interest *of* the work itself.
（ ）, There イントロ	行動 (be動詞)	主人公 が (主語、S)	主人公の説明 (または文全体の説明)

(訳) 「仕事自体の質や意義に関して疑問 **は** なかった」

「…がある」という文は否定語を付けると「…はない」という文としても使えます。

この文は直訳すれば「no question があった」ですから、要するに「疑問はなかった」ということですね。それに about から説明が付いていて、「仕事自体の質や意義に関しては」ということです。

ちょっとわかりにくいのですが、当時の女性の仕事のステイタスや賃金はともかく、女性の仕事は単純労働が多く、男性に比べその質や意義が低いことは明らかだったと言いたいのですね。

▶練習7   自己採点＝（   ）点/10点

There was nothing new about unequal pay for women at the turn of the century.　　　(青山学院大・文・一部改)

（ ）, There イントロ	行動 (be動詞)	主人公 が (主語、S)	主人公の説明 (または文全体の説明)

［訳］　「　　　　　　　　　　　　　　　　　　　　　　　　　　　　　　　」

［語句］　nothing「ないもの、何もない」　unequal「不平等な」　pay「賃金」
at the turn of the century「世紀の変わり目に（世紀が変わろうとする
ときになっても…）」

［ヒント］1　女性は男性に比べて給与などで格差がある
［ヒント］2　something や nothing は後ろにしか説明（形容詞）をつけられない。

something <u>new</u> ＝ 何か新しいものがある
　　　　　　☞
　　　　　説明

nothing <u>new</u>　＝ 何か新しいものは何もない
　　　　　　☞
　　　　　説明

［正解］

There was <u>nothing **new**</u> **about** unequal pay for women at the turn
of the century.

（　　）, **There** イントロ	**was**	nothing （**new**）	**about** unequal pay *for* women at the turn *of* the century.
	行動（be動詞）	主人公 が（主語、S）	主人公の説明（または文全体の説明）

［訳］　「世紀の変わり目でも<u>女性に対する不平等な賃金</u>に関しては<u>新しいこ
と</u>**は** 何もなかった」

　厳密に言うと new から説明なのですが、このように nothing（new）とカッ
コ付きでセットで主人公の箱に入れてもいいです。「…何も新しいことはなかっ
た」という感じ。

20世紀から21世紀に変わる時（at the turn of the century）になっても、男女の不平等賃金の問題は変わらなかったという文ですね。

▶練習8　　　　　　　　　　　　　　　　　自己採点＝（　　）点/10点

There has been nothing like it in the world of architecture. （法政大）

（　　　）, **There**
イントロ

行動 （be動詞）	**主人公 が** （主語、S）	主人公の説明 （または文全体の説明）

訳　「　　　　　　　　　　　　　　　　　　　　　　　　　　　　」

語句　like（前置詞）「…のような」　architecture「建築」

正解

There **has been** nothing **like** it in the world of architecture.

（　　　）, **There**
イントロ

has been	nothing	**like** it in the world of architecture.
行動 （be動詞）	**主人公 が** （主語、S）	主人公の説明 （または文全体の説明）

訳　「建築の世界で、そのようなもの**は**今までなかった」

わざわざ like に前置詞と書いておきましたが、ちゃんと分類できましたか？like は「好き」という動詞ではありません。like から説明の箱ですよ。「それ」(it) というのが建築の世界でかつてなかったほどの大傑作なのでしょうね。この文

は文章の冒頭の文ですが、これから「それ」の話をしますよということのようです。

has been なので、そのようなもの、それと似たものは**今までずっとなかった**というニュアンスを出しているのですね。

in the world of architecture は「建築の世界で、...なかった」と「文全体の説明」になっています。

■ **レベル3：イントロ付き** _____

▶**練習9**　　　　　　　　　　　　　　　　自己採点＝（　　）点/10点

In 1870, there were eighty thousand office workers in America.

（青山学院大・文）

（　　　　　）, **There** イントロ			
行動 (be動詞)	**主人公 が** (主語、S)	**主人公の説明** （または文全体の説明）

訳　「　　　　　　　　　　　　　　　　　　　　　　　　　　　　」

語句　thousand「千」　office workers「オフィスワーカー、事務員」

正解

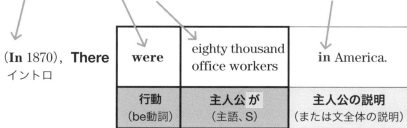

In 1870, **there were** eighty thousand office workers **in** America.

（**In** 1870）, **There** イントロ	**were**	eighty thousand office workers	**in** America.
	行動 (be動詞)	**主人公 が** (主語、S)	**主人公の説明** （または文全体の説明）

訳 「1870年当時、アメリカには8万人のオフィスワーカー**が**いた」

一応イントロ付きの文も見ておきましょう。最初の In 1870, がイントロですね。これは「時の説明」です。

あとは同じです。当時はまだ8万人しかいなかったという話。

※ちなみにこの後に続くのはこんな文でした。訳せますか?

Fifty years later, there were three million office workers.

語句 later「…のち」 million「百万」

50年後には、8万人が300万人になっていたということですね。

訳 「50年後には、300万人のオフィスワーカーがいた」

*

There から始まる文、いかがでしたか?

わかってしまうと何ということはないですよね。

結構頻繁に出てくるので、マスターすると、これから出会う文を自力で読むときの強い武器になると思います。

*

次の PART 2は、いよいよ

「文の後半の知識も若干必要な英語の"文頭"⑤から⑫まで」

を見ていきたいと思います。

その後、「主人公の説明」の残りのパターンに移ります。

ここからは若干、文の後半の知識が必要になります。

そのため、次の PART 2はまず文の後半の話から入りたいと思います。

PART 2

知らなければ
命取り！

文の後半の知識も若干必要な
英語の "文頭" ⑤ から ⑫ まで

「文の後半」の若干の知識（文の後半"簡易版"設計図）

PART 2では、**文の先頭の⑤から⑫までを見ていきたいと思います。**

ここからは若干、**文の後半の知識**が必要になります。そのため、まず文の後半について説明しておきます。

文の後半とは、文の「行動部分 (動詞、V)」に続くカタチのことです。
後半は、**行動部分 (動詞、V) を3つに分ける**ところから始まります。
PART 1で、行動部分は「be動詞」、「一般動詞」、「受身」の3タイプしかないと言いましたが、以下のように「**3つの"棚"」に分けると、おのずと後ろも決まってくる仕組み**になっています。
それぞれを簡単に説明して「**文の後半" 簡易版 "設計図**」を示しますので、それを使って後半まで読んでみましょう。

(1) be動詞の後ろは？

まずは「be動詞」のケースから見ていきましょう。
こんな設計図になりますね。

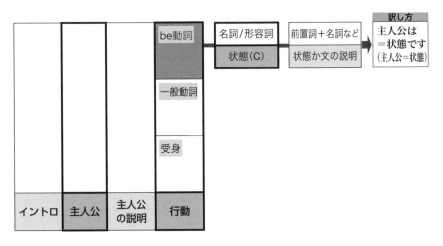

be 動詞の後ろは1つしかないので簡単です。
後ろに、**名詞か形容詞**があるはず。

これは**主人公**の「**状態**」（文法用語では「補語」とか「C」とか言います）で、

「 主人公は ＝ 状態です 」（主人公 ＝ 状態）

と訳します。
つまり、**主人公とイコールでつながるもの**が来ています。

その後に「前置詞＋名詞」など来ていたら、それは「**説明の箱**」に入れてください。それは**前**の「**状態**」（補語、**C**）の**説明**（「...の状態」など）か「**文全体**」の**説明**（時や場所などの説明）です。

C は英語で補語を表す語の頭文字ですが、要は「**be動詞の後なので C**」という、一種の語呂合わせだと思ってください。
意味は関係なく、be動詞の後ろにあるから「状態」（補語、C）なのです。
be（B）の後ろだから C ...簡単でしょ？

例をいつくかあげましょう。
次の文は設計図をどう使った文かわかりますか？ 行動（動詞、V）部分（二重下線）を一番上の be動詞に分類し、後半部分（be動詞の後ろ）も分類してみてください。後半の訳もしてみましょう。（p.144の英文の後半です）

Supporters of walking on the escalator <u>are</u> **often passionate about its efficiency**.

（早稲田大・商）

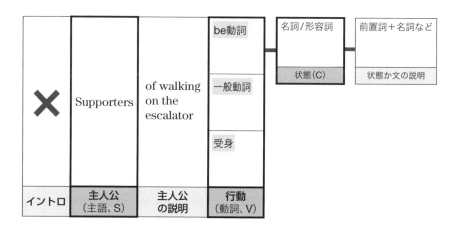

語句　supporters「支持者」　walking on the escalator「エスカレーターの
　　　　 上で歩くこと」　passionate「熱心な、情熱的で」　efficiency「効率
　　　　 性」

正解はこうですね。

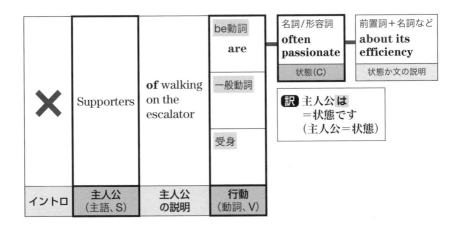

前半の訳　「エスカレーターの上で歩くことの支持者たち**は**＝…」
後半の訳　「しばしば熱心です、その効率性について」
　　　　　　 （エスカレーターの上で歩くことの支持者たちは、その方が効率
　　　　　　 的だとしばしば情熱的に主張する）

　行動部分をbe動詞に分類できたら、あとは“道”は1つしかないので、その
まま線にそって、「状態（補語、C）」⇨「状態か文の説明」と入れてください。
　なので訳し方が「主人公は＝状態です（主人公＝状態）」に決まるのです。
　aboutという前置詞から説明の箱に入れられたでしょうか？　つまり、
Supporters ＝ often passionate（サポーターは＝しばしば情熱的だ）というイコール関係が見えることが重要ですよ。

　では、次の文もすでに前半はやりましたので（p.129）、後半を分類してみまし
ょう。

168

The seawater by Tokyo's Kasai Rinkai Park is **only slightly cooler than body temperature**.　（岡山大）

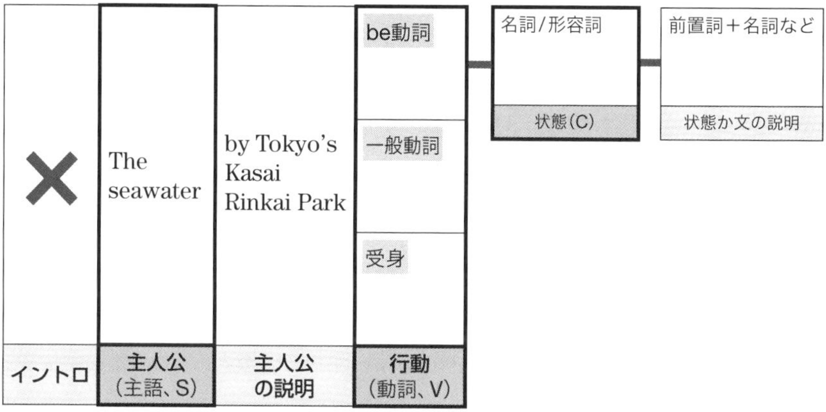

語句　seawater「海水」　by「…のそばの、すぐ近くの」　Kasai Rinkai Park「葛西臨海公園」　slightly「少し」　body temperature「体温」

正解はこうですね。

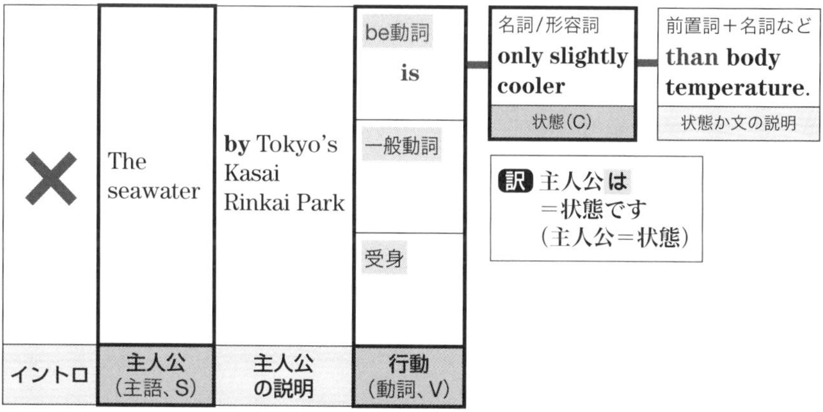

前半の訳　「葛西臨海公園近くの海水**は**＝…」
後半の訳　「ほんの少し、より冷たいだけです、（何より？）体温より」

行動部分を3つの棚の中から一番上の棚に入れられたら、あとは自動で決まりますね。

than から説明の箱に入れられたでしょうか。すると訳し方が、「主人公は＝状態です」（主人公＝状態）に決まります。

つまり、「**海水＝ほんの少し冷たい**」というイコール関係が見えることが重要なのです。

文の後半、徐々にわかってきましたか？

次は p.22 と p.28 で示した文ですが、解説はしていませんでした。分類できるかやってみてください。わかったらすごい！

For thousands of years, marriage <u>had been</u> **a primarily economic and political contract between two people**. （早稲田大・法）

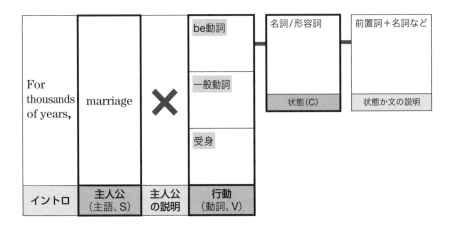

語句 for（前置詞）「...年間」など “期間の長さの for” thousands of「数千の...」 marriage「結婚」 primarily「主に」 economic「経済的な」 political「政治的な」 contract「契約」 between（前置詞）「...（2つの）間の」

※ **be動詞** ☞ ＝（イコール）

have been（今までずっと...だった） ☞ 現在までの幅

had been （その時まではずっと...だった）☞ 過去の一時点までの幅

正解はこうですね。

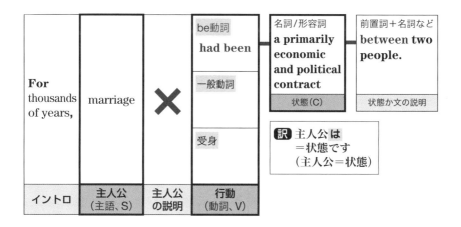

イントロ	主人公 (主語、S)	主人公 の説明	行動 (動詞、V)

前半の訳の部分:

前半の訳　「数千年の間、結婚 **は** ＝…」
後半の訳　「主に経済的および政治的契約だった、二人の間の」

had been というと「何か難しそう、わからない…」と思うかもしれませんが、**要は3つの棚のうち、一番上の be動詞の棚に入れてくれよ**、と作者は言っているだけですね。つまり、**イコール関係**だよと言っているだけ。そのイコール関係が幅を持っているが、現在までの幅ではなく、過去のある一点までの幅だよ（ある時までずっとイコール関係だった）と言っているのです。

昔は結婚は、権力闘争など政治的な意味合いで結婚したりしていたのですが、**今は違うので has been でなく、「その時までは」と had been にしている**わけ。

実はこれが冒頭の文なのです。(p.22、p.28)

＊

「be動詞の後ろ」はわかりましたか？　簡単ですよね。

次は「一般動詞の後ろ」に行きましょう。

(2)　一般動詞の後ろは？　〔 その1：名詞 ＋（前置詞＋名詞））

　続いて上から2つ目の一般動詞の後ろに行きましょう。

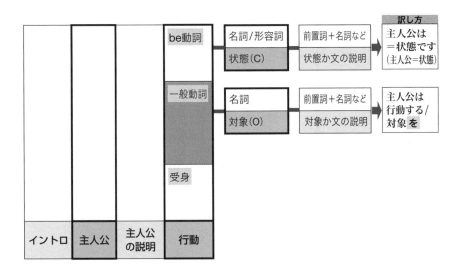

　一般動詞の後ろは、大半が「名詞」が来ているはず。
　それは**行動 (動詞)** の「**対象**」(文法用語では「目的語」とか「O」と言います)
です。「対象 (目的語、O) の箱」に分類してください。
　そして、その名詞に「**…を**」と「を」を付けて訳してください。
　その後に「前置詞＋名詞」などが来ることが多いですが、これは前置詞から
「説明の箱」に入れてください。
　これは直前の「**対象 (目的語、O) の説明**」であることがほとんどですが、た
まに文全体の説明 (時や場所の説明) のこともあります。

　本当はあと2パターンあるのですが、あまり出てこないので今は無視。(第4
章で扱います)
　要は、一般動詞の後ろは「**…を**」と訳せばいいのですね。つまり、

「**主人公は行動する / 対象を**」

と訳してください。90% は「を」と訳しておけばいいです。

それでは例をいつくかあげましょう。

次の文の行動 (動詞、V) 部分 (二重下線) 以降を分類してみてください。後半の訳もしてみましょう。(p.78とp.105で途中まで紹介した文です)

In the statement, Mr. Abe <u>expressed</u> **condolences for Japan's actions during the war**. (The Wall Street Journal: Aug. 18, 2015)

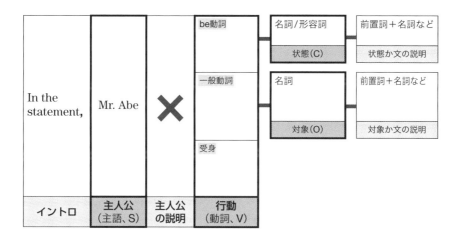

語句 express「表す、表明する」 condolence「哀悼の意、お詫びの意」
Japan's actions「日本の行動」 during the war「戦争中の」

正解はこうですね。

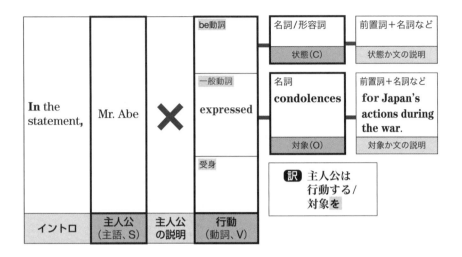

前半の訳 「声明の中で、安倍首相は表明した」
後半の訳 「哀悼の意を、戦時中の日本の行動に対して」
（声明の中で、安倍首相は、戦時中の日本の行動に対して、哀悼の意を、表明した）

expressed が3つの"棚"のうち一般動詞に分類できるので、後ろにある名詞が対象（目的語、O）と決まり、「...を」を付けて訳すことができるのです。
意味（訳）は分類した後で決まることに注意してください。
そしてOはどこまでかというと、for ...があるので、その前まで。for から説明ですね。これは「...に対する哀悼の意を」と「対象（目的語、O）の説明」ともとれるし、「...に対して」と文全体の説明ととってもどちらでもいいでしょう。

次はどうでしょう？
これもすでに見た文ですが（p.107）、今度は後半を埋めてみてください。

In 1995, Dr. Madan Kataria <u>created</u> Laughter Yoga in Mumbai.

(The New York Times: Nov. 3, 2016)

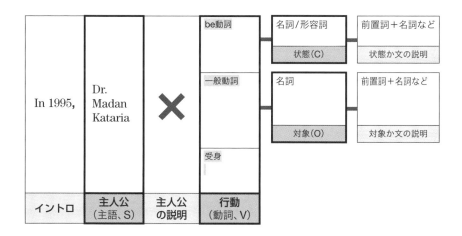

語句　create「作り出す、生み出す、創造する」　Laughter Yoga「笑うヨガ」

正解はこうですね。

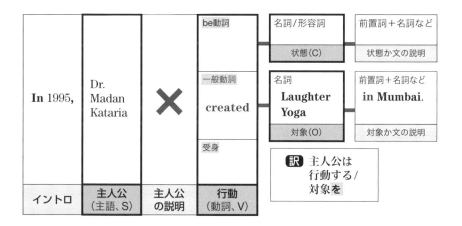

前半の訳　「1995年**に**、マダン・カタリア博士**は**、作り出した」
後半の訳　「笑うヨガ**を**、ムンバイ**で**」

createdを一般動詞に分類できたら、後ろは対象（目的語、O）に決まりますが、**in ...があるので、in の前までが対象、in 以降が説明**ですね。
「笑うヨガ**を**、ムンバイ**で**」と正しい「てにをは」を付けて訳せましたか？
in Mumbai は文全体の説明（場所の説明）ですね。

(2) 一般動詞の後ろは？ 〔 その2：前置詞＋名詞 〕

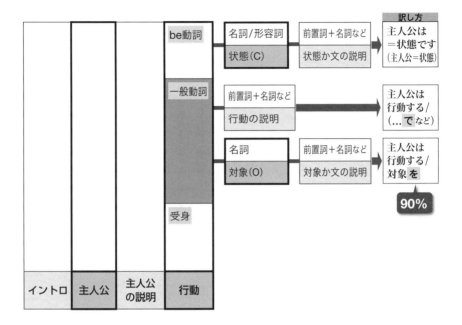

　一般動詞の後ろは基本的に名詞が来ていることを予想しながら読めばいいのですが、たまにすぐ「**前置詞＋名詞**」が来ていることがあります。

　これは「説明」しかできないので、「対象」ではなく「**説明の箱**」に入れてください。**前にある行動（動詞、V）部分の説明**です。要は「どこで、いつ」したのかなどを表します。

　訳はこうなりますね。

「主人公は行動する /（... で）」

　一般動詞の後ろに来るのは90%程度が名詞で、それはその動詞の「対象」（目的語、O）なので、「**... を**」と訳す。

　しかし、たまに「前置詞＋名詞」が来ていたら、「行動の説明」なので、「**... で**」などと訳す、ということですね。

一般動詞の後ろ ┌ 名詞　　　　＝ 対象（目的語、**O**）☞「...を」(90%)
　　　　　　　└ 前置詞＋名詞 ＝（行動の）説明　☞「...で」「...に」など
　　　　　　　　　　　　　　　　　　　　　　　　　　　　 (10%)

要は「**前置詞の有無**」で**判断する**ということです。

例えば以前 (p.124) 読んだ次の文などが典型ですね。

The number of pet dogs <u>fell</u> by about 13% over five years.

(The Wall Street Journal: Oct. 26, 2015)

fell という行動部分（動詞、V）の次に **by という前置詞**が来ているので、これは対象（目的語、**O**)」ではなく、**行動（動詞、V）の説明**ですね。なので「減少した、13％を」ではおかしいですね。どの程度減少したのか、「減少した」の説明をしているわけです。つまり、設計図を以下のように使った文です。

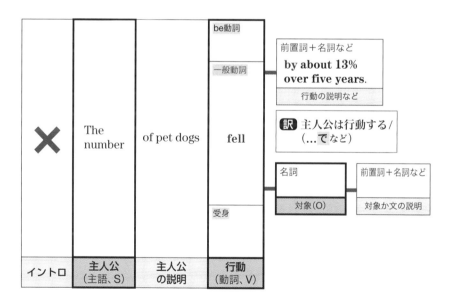

「...を」ではなく、行動部分の説明なので、「...で」「...に」などと訳します。この場合は行動部分が「減少した」なので、どれくらい減少したのか、**その程度**を説明しているのですね。

(3) 受身の後ろは？

最後は上から3つ目の「受身」です。

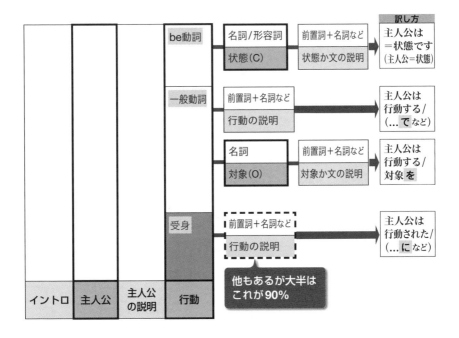

「**be動詞＋過去分詞**」というカタチをしていたら、セットで「受身の棚」に入れてください。

受身の後ろは特に名前が付いていないのです。「**受身の後ろ**」と命名しておきます。

後ろは大半が by ...など「**前置詞＋名詞**」が来ているはず。

ならば前の「**行動 (動詞、V)**」の説明です。

「**...された**」なので、「**誰に [何に] されたのか**」などの説明が付くわけです。

つまり「**...に**」などと訳します。

ここまでの他に2パターンありますが、それらはほとんど出てこないので、**このパターンが90%** と思っていいです。(その2パターンについても第4章で扱います)

ここでは問題の代わりに一つ例をあげておきます。

例 The winner **will be picked in June**.

以前にこんな文をやりましたね。(p.112)

前半の訳は「「優勝者は、選ばれるだろう」」でした。

受身（be動詞＋過去分詞）の後ろは、やはり in June と「前置詞＋名詞」が
来ていますね。

これらは、「受身の後ろ」の**「行動の説明」に分類してください。**

そして、**行動部分の説明として、つまり「...で」や「...に」を付けて、訳して**
ください。

すると訳はこうなります。

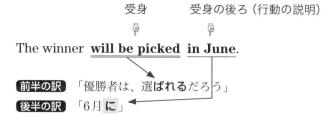

他のパターンもありますが、めったにないので今は無視してかまいません。

では、「**文の後半"簡易版"設計図**」の全体を見ておきましょう。

179

文の後半 " 簡易版 " 設計図

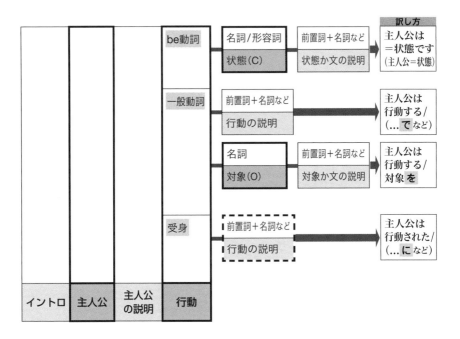

　では、これらの知識を踏まえて、文の先頭のサイン、残りのパターンを見ていきましょう…。

　…と思ったのですが、文の後半の話をしたところ、実際の授業では学生からこんな意見が出ました。

　【学生の感想】
　「途中まで付いていこうとしたが、その途中であきらめた」
　「さっぱり理解できず、途中で死にました」
　「分類することが多くなってわからなくなった」…

このような反応が多かったですね。
失礼しました。いい勉強になりました。とても参考になりました。

　ここまでの説明がわからなかった人は、いったん文の後半の話はいっさい忘れてください。

　「文の後半」の話は第4章であらためてくわしく扱います。

　それまでは、話を「前半」に絞りましょう。

　「英語は前半だけ訳しなさい」
　「文頭がわかれば英語がわかる」
　「奥深い文頭の世界」…

そういうスタンスに戻したいと思います。

ここまでを整理してみましょう。

●● ここまでの整理 ●●

❏ **1. 英語は「前半」と「後半」に分かれている。**
　　特に「前半」が重要。

❏ **2. 前半には必ず「○○は」「●●した」と書いてある。**
　　だから「何が何をやらかしたの？」と思って読む。

❏ **3. つまり、前半には必ず「主人公」(主語、S) と、その「行動」(動詞、V) が書いてある。**

❏ **4. その他の前半の登場人物は、「イントロ」と「主人公の説明」のみ。**
　　これは書いても書かなくてもいい要素。

❏ **5. 前半の最後は必ず「行動」(動詞、V) で終わる。**

□ 6. イントロか主人公から始まって、行動で終わるのが前半。

□ 7. つまり、前半は以下の設計図を使って書いてある（全文共通）。
　　設計図を使うことで、正しい「てにをは」を付けて訳せるようになる。
　　私たちが知りたいのは、単語の意味以外は、付ける「てにをは」のみ。

イントロ （いつに、どこで）	主人公 （主語、S）	主人公の説明	行動 （動詞、V）	...
...で・に、	は	（どの？）	...した	

（be動詞、一般動詞、受身）

□ 8. 設計図をどう使ったか、作者は必ずサインでわかるように書いてくれている。
　　特に「文頭のサイン」が重要。

これが今まで話した内容でしたね。
そして文頭のサインの頻出パターンとして、次の4つを紹介しました。

基本＆超頻出の「英語の"文頭"①から④」

1. **In**など前置詞 ...
2. **The** ... / **A** ...
3. （普通の）名詞
4. **There** ...

とにかくこの4パターンをマスターしてください。
文頭がわかると英語がわかるのです。
文頭を制する者が英語を制する者ですね。
私も文頭の意味がわかるようになってから英語が読めるようになりました。

というわけで、ここからは**文頭の PART 2**

　英語の"文頭"⑤から⑫まで

に行きましょう。

文頭がこんなパターンで始まったらどうしますか？

　　5. When / If ...など"節"続詞
　　6. To V ...
　　7. Ving ...
　　8. Ved (by) ...
　　9. It ...
　　10. What ...
　　11. But / -ly / Whether
　　12. 特殊

PART 2では、この8パターンを見ていきます。

PART 1に比べると頻出度は落ちますが、まとまった文章に必ず2〜3個は出てくるパターンだと思います。

　まずは「**5. When ...など"節"続詞**」から...

§5. Whenなど"節"続詞

文の先頭 ⑤　「Whenなど"節"続詞...」から始まる文

(1) When ..., If...などから始まる文の読み方は？

When the girl ...

さてこの文は、イントロ始まり？　主人公（主語）始まり？

このように When から始まる文もありますよね。
これはイントロ始まり？　あるいは主人公始まり？　どちらでしょう？

When the girl met the boy, the bell rang.

実際は上のような文でした。
これは文が2つあるように思えますが、どうでしょう。
いつもの設計図で考えてみましょう。

イントロ （いつに、どこで）	主人公 （主語、S）	主人公の説明	行動 （動詞、V）	...
...で・に、	は	（どの？）	...した	

(be動詞、一般動詞、受身)

上の文は実は**イントロが長くなって"文"のカタチになっているだけ**ですね。
「時の説明」が長くなっているだけです。
　よって、「先頭の When から〜（　　　　）まで」をイントロの箱に入れてください。必ず（　　　　）があるはずなので、それを目印にすればいいですね。

　この空欄がわかりますか？　今までもお世話になったのですが。
　正解は**カンマ**ですね。

正解 よって「先頭のWhenから～(カンマ)まで」をイントロの箱に入れてください。必ず(カンマ)があるはずなので、それを目印にすればいいですね。

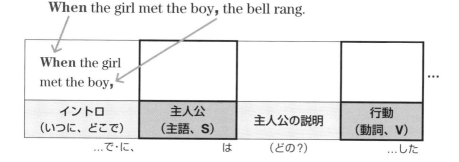

そして「カンマの後ろ」が主人公(主語、S)です。
主人公を入れてみてください。

When the girl met the boy, the bell rang.

イントロ (いつに、どこで)	主人公 (主語、**S**)	主人公の説明	行動 (動詞、**V**)	
When the girl met the boy,	the bell			…
…で・に、	は	(どの?)	…した	

この **When** は単独で使えなくて必ず文を導くのですが、あくまでイントロです。文法用語では「従属接続詞」というのですが、節を導く(節とは「文の中の文」と考えてください)ので、私は **"節" 続詞** と呼んでいます。IfやWhileなども同じ仲間です。

つまり、When、Ifなどの "節" 続詞で始まっていたら、

☞ **カンマをさがせ!**
☞ **先頭からカンマまでがイントロ、カンマの後が主人公 (主語、S)**

ということで、これまでと同じですね。

(2) 長いイントロの訳は?

そして、イントロ部分は

> 「主人公´」はイントロの中の主人公(主語、S)で「主人公ダッシュ」と読みます。
> 「行動´」はイントロの中の行動(動詞、V)で「行動ダッシュ」と読みます。

<u>When 主人公´ 行動´...,</u> 主人公 行動...
　　　　　イントロ

こんな感じになっているので

「主人公´が行動´した 時(に)、主人公 は ...」

という感じで訳してください。すると先ほどの文はこうなります。

訳 「少女 (　　) 少年と出会った (　　　　) に、ベルは鳴った」

カッコに何が入るかわかりますか? 正解はこうですね。

訳 「少女 (が) 少年と出会った (時) に、ベルは 鳴った」

あくまでイントロ (時や場所の説明) が長くなって文になっているだけですよ。
まとめると、以下のようになります。

文の先頭❺

文の先頭が **When / If ...** など"節"続詞 だったら ☞ 長いイントロ文(時や場所の説明)から始めたぞというサインだ!

⬇

カンマをさがせ!

⬇

先頭からカンマまでがイントロ、
カンマの後が主人公(主語、S)だ!

When 主人公´ 行動´...,	
イントロ (いつに、どこで)	主人公 (主語、S)

※イントロ部分は「主人公´が 行動´した 時(に)、」と訳す。

それでは練習してみましょう。

● 練習問題 ●

次のそれぞれの英文の前半部分（太字部分）を設計図に分類してみましょう。

▶練習1　　　　　　　　　　　　　　　自己採点＝（　　　）点/10点

When the Toyota Prius was born in 1997, the gas-electric hybrid was at the center of attention.

(The Wall Street Journal: Oct. 13, 2015)

イントロ （いつに、どこで）	主人公 （主語、**S**）	主人公の説明	行動 （動詞、**V**）	…
…で・に、	は	（どの?）	…した (be動詞、一般動詞、受身)	

前半の訳　「　　　　　　　　　　　　　　　　　　　　　　　」

語句　Toyota Prius「トヨタのプリウス（車名）」　be動詞＋born「（受身で）生まれる」　the gas-electric hybrid「ガソリンと電気のハイブリッド車」　attention「注目」　at the center of attention「注目の中央に→注目の的で」

テーマ　トヨタのプリウスについて。

正解

When the Toyota Prius was born in 1997, the gas-electric hybrid
was at the center of attention.

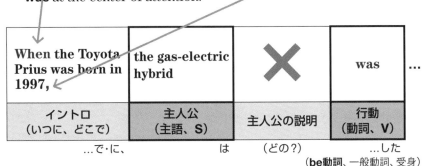

When the Toyota Prius was born in 1997,	the gas-electric hybrid	✕	was	...
イントロ (いつに、どこで)	主人公 (主語、**S**)	主人公の説明	行動 (動詞、**V**)	
...で・に、	は	(どの？)	...した (**be**動詞、一般動詞、受身)	

前半の訳 「1997年にトヨタのプリウスが誕生 した時、ガソリンと電気のハ
イブリット車 は ＝...」

When を見た瞬間にカンマまで見てしまいましょう。カンマまでイントロの
箱に入れます。

文になっていますが、あくまでイントロですね。「時の説明」です。いつもの
設計図で読みましょう。

誕生したころのハイブリッド車は、注目の的だったのですね。

▶練習2   自己採点＝（　　）点/10点

When I lecture on this topic to undergraduates at Oxford
University, I read out these words.   (慶応大・文)

				...
イントロ (いつに、どこで)	主人公 (主語、**S**)	主人公の説明	行動 (動詞、**V**)	
...で・に、	は	(どの？)	...した (be動詞、一般動詞、受身)	

前半の訳 「　　　　　　　　　　　　　　　　　　　　　　　　　　　　　」

語句 lecture「(動詞)講義する」 topic「トピック、題材、テーマ」 undergraduates「学部生」 Oxford University「オックスフォード大学」 read out「読み上げる」 these words「これらの単語」とはスペルを間違いやすい難読な英単語のこと

ヒント this topic(このトピック)とは「スペルを間違いやすい英単語」

正解

When I lecture on this topic to undergraduates at Oxford University, I read out these words.

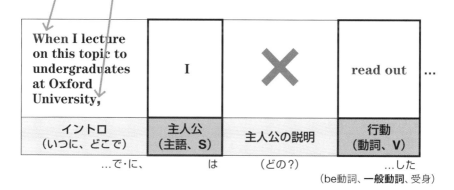

When I lecture on this topic to undergraduates at Oxford University,	I	✕	read out ...
イントロ (いつに、どこで)	主人公 (主語、S)	主人公の説明	行動 (動詞、V)
…で・に、	は	(どの?)	…した (be動詞、**一般動詞**、受身)

前半の訳 「私がこのトピックについて、オックスフォード大学の学部生に講義 した時、私 は 読み上げた…」

　Whenからカンマまでをイントロの箱に入れられましたか? いつの話かをしているだけですね。
　イントロの最後は「…した時(に)、」と閉めてください。
　カンマ以降は、「私は、読み上げた、これらの単語を」ということ。
　スペルの難しい単語を読みあげて、オックスフォードの大学生が書けるかどうかを試したという話です。

*

189

"節"続詞はとりあえず、以下の「 **四大"節"続詞** 」だけ覚えておけば、いいと思います。

- **When** 主人公′ 行動′ ...,　　「主人公′が 行動′した **時（に）** 、」

- **If** 主人公′ 行動′ ...,　　　　「もし主人公′が 行動′した **ならば** 、」

- **Although** 主人公′ 行動′ ...,「主人公′が 行動′した **にもかかわらず** 、」

- **While** 主人公′ 行動′ ...,　　「主人公′が 行動′している **間に** /
　　　　　　　　　　　　　　　　　している **一方で** 、」

すべて長いイントロ。カンマの後に普通の文が出てきます。
その他、After や Before などもありますね。
基本的には「時の説明」が多い。
Although や While も重要ですよ。
＊
それではここからは、動詞を変化させたものから始まる、
いわゆる「 **準動詞パターン** 」を3つ続けていきましょう。
3つがどう違うか、セットで考えるといいと思います。

最初は **To V ...** です。

§6. To V…

(1) To V…（to ＋動詞の原形）から始まる文の読み方は？

To open the door …

さてこの文は、イントロ始まり？　主人公（主語）始まり？

例えば下のような文があるとします。
この文は設計図をどう使った文かわかりますか？

To open the door of the house was not easy.　　　——①

イントロ （いつに、どこで）	主人公 （主語、S）	主人公の説明	行動 （動詞、V）	…
…で・に、	は	（どの？）	…した （be動詞、一般動詞、受身）	

これは実は設計図を次のように使った文なのですね。
正解はこうです。（※太字部分）

To open the door of the house was not easy.

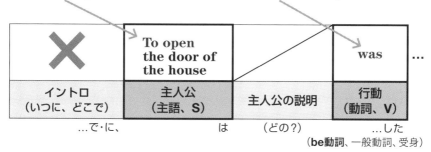

	イントロ （いつに、どこで）	主人公 （主語、S） To open the door of the house	主人公の説明	行動 （動詞、V） was	…
	…で・に、	は	（どの？）	…した （be動詞、一般動詞、受身）	

*このような長いカタマリ（句・節）の主人公には主人公の説明はつけられ
ないので斜線で消しています。今はあまり気にしないでください。

つまり、

To open the door of the house **was** not easy.
    主人公（S）   行動（V）

To open ...以降が**1つのカタマリ**として、主人公（主語、S）になっているのです。
　このように（原形）動詞に to をつけた To V ...という形は「**準動詞**」といって、
「1つのカタマリ」を作ります。
　このカタマリは文の中で「**行動（述語動詞、V）の役目をしていません**」という
意味なのですね。
　だから準動詞。「**動詞の役目をしていない動詞**」という意味、文の中でV以外
の役目をしていますという意味なのです。

では、訳をしてみましょう。
　主人公（主語、S）を訳してみてください。
　3つのステップに分けてやってみましょう。

●● ステップ〈1〉 ●●

まず次の文を主語（主人公、S）として、つまり「...ことは」を付けて訳してみ
てください。

　　To open...
　　「　　　　　　　　　　　　　　　」

主語なので名詞として訳せということですね。ちょっと右寄りに書いてくだ
さい。
　正解はこうですね。

　　To open...
　　「　　　　　　開ける **ことは**、」

●● ステップ〈2〉 ●●

今度はこれを訳してみてください。

　To open the door …
　「　　　　　　　　　　　　　　　　　」

open という一般動詞 (V) の後に the door がありますね。
ということは、この the door の役割は？
どんな「てにをは」を付けて訳す？
そうですね、大半の人ができたと思います。正解はこうですね。

　To　　　open　　　the door …
　　　　　行動′ (V)　　 対象′ (O) を
　「ドア**を**開ける**ことは**、」

文の後半の話をしておいたのが活きてきたでしょうか？
　open という一般動詞の後で、特に前置詞などが付いてないので、the door は
動詞の対象 (目的語、O) ですね。なので「…を」をつけて、つなげて訳さない
といけないです。
　つまり、この **To V …**というのは設計図上の「行動部分 (動詞、V)」に **to** が付
いていると考えてください。つまり**後半部分が付いているカタチ**なのですね。
　要するに、

　「開けること、そしてドアは、」ではなく、
　「ドア**を**開けることは、」とつなげて、

1つのカタマリとしてセットで訳してほしいのです。

●● ステップ〈3〉 ●●

最後に、ここまで訳してみましょう。

To open the door of the house
「　　　　　　　　　　　　　　」

the door という行動の「対象（目的語、O）」の後ろに of the house があるので、
これはどんな役目？
そうですね。正解はこうです。

To open the door **of the house**
「その家のドアを開けることは、」

先頭にある To V ...の訳し方がわかりましたか？
カタマリで訳すという意味がわかったでしょうか？

To V（一般動詞） ＋ 対象（目的語、O） ＋ 対象（O）の説明か文全体の説明
　　 行動′　　　　　　　　　対象′　　　　　　　　　　　　説明′

> 設計図の
> 文の後半部分

というパターンがほとんどなので、

「(......の・で) 対象（O）を V することは、」

みたいな訳になるのですね。
つまり、先頭の To が of the house までまとめているわけです。

全体の訳は「その家のドアを開けることは、簡単でなかった」となります。

(2) イントロのケースもあり！

To　V ...で始まっていたら必ず主人公のカタマリでしょうか？
実は**イントロのケース**もあるのです。

To open the door of the house, you will need a key.　　　　　——②

例えば、上の文は設計図をどう使った文かわかりますか？

実は次のように使った文なのです。

To open the door of the house, you will need a key.

いつもの To V ...が主人公（主語、S）のパターンかと思ったら、カンマがあって、その後に主人公らしき you がありますね。
ここから普通の文が来ているようです。
ならば、この先頭の To V ...のカタマリは**その前の「イントロ」として訳せ**、という意味なのです。

つまり、「V する**ために**、」と"**目的**"で訳してください。
この部分を訳してみましょう。

　　To open the door of the house, ...
　　「　　　　　　　　　　　　　　　　　　　　　　　　」

正解はこうですね。

　　訳　「その家**の**ドア**を**開ける**ために**、...」

全体の訳は「その家のドアを開けるために、あなたは鍵が必要だろう」となります。

(3) どう見抜くの？

つまり、先頭が To V ...ならば、（　　　　　　　）を確認するということですね。

空欄がわかりますか？　いつもお世話になっているあれですよ。

正解
つまり、先頭が To V ...ならば、（　**カンマ**　）を確認するということですね。

　　カンマがなくて、Vらしきisやwasなどが来たら ☞ **主人公**(主語、S)で訳し、
　　カンマがあって、その後主語 (S) らしきものが来たら ☞ **イントロ**で訳せ

という意味なのですね。
つまり、「**カンマの有無**」で、主人公かイントロか判断するということです。

To open the door of the house was not easy.　　　　　── ①

To open the door of the house**, you will need** a key.　　　── ②

①はカンマ**なし**なので ☞ (行動部分の前まで)「主人公 (主語、S)」のカタマリ、
②はカンマが**ある**ので ☞ カンマまでイントロ、カンマの後が主人公

ですね。

主人公（主語、S）なら「Vする**ことは**」と主人公として**名詞**で訳し、
イントロなら「Vする**ために**、」と**目的**で訳してください。

まとめると次のようになります。

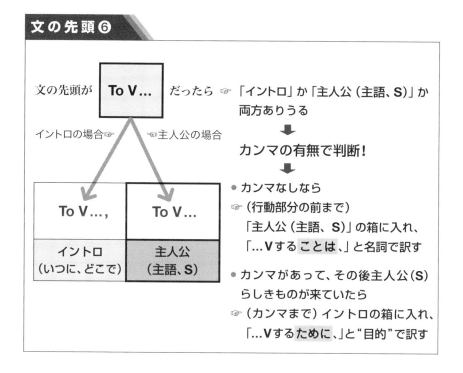

要は、**カンマがあればイントロ、なければ主人公（主語、S）**ということですね。
割合は、8:2ぐらいでイントロ（目的）のケースが多いでしょうか。
　この理由は、主人公の場合、It という仮主人公を立てて、To V を後ろに回す
パターンにすることも多いからです。これについては、「文の先頭⑨ It ... から
始まる文」（p.219）で扱います。

　それでは練習してみましょう。

● 練習問題 ●

次のそれぞれの英文の前半部分 (太字部分) を設計図に分類してみましょう。

▶ 練習1 　　　　　　　　　　　　　　　　　自己採点＝（　　　）点/10点

To promote fiscal reconstruction, the government aims to limit
the increase to about ¥500 billion a year.

(The Yomiuri Shimbun: Nov. 29, 2015)

イントロ (いつに、どこで)	主人公 (主語、S)	主人公の説明	行動 (動詞、V)	...
...で・に、	は	(どの?)	...した (be動詞、一般動詞、受身)	

前半の訳　　「　　　　　　　　　　　　　　　　　　　　　　　」

語句　promote「促進する、後押しする」 fiscal reconstruction「財政再建」
the government「政府」 aim「目指している」 limit「制限する」
increase「増加」 billion「10億」 a year「1年につき」

正解

To promote fiscal reconstruction, the government aims to limit
the increase to about ¥500 billion a year.

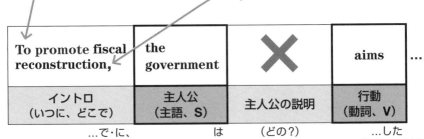

To promote fiscal reconstruction,	the government	✕	aims	...
イントロ (いつに、どこで)	主人公 (主語、S)	主人公の説明	行動 (動詞、V)	
...で・に、	は	(どの?)	...した (be動詞、**一般動詞**、受身)	

前半の訳　「財政再建**を**促進する**ために**、政府**は**目指している...」

「To V ...始まり」なので後ろを見るとカンマがありますね。

イントロの終わりの印のカンマなので、**カンマまでイントロ、カンマの後の the government が主人公**ですね。

分類した根拠が重要ですよ。自分一人で訳せるようにならないといけないので。

イントロ部分は「財政再建**を**促進する**ために**、」とちゃんと「を」を付けて訳せましたか？　promote という一般動詞の後ろなので、fiscal reconstruction は動詞の「対象 (目的語、O)」ですね。

To　promote　fiscal reconstruction ,
行動′　　　　対象′ (O) を

▶**練習2**　　　　　　　　　　　　　　　　自己採点＝（　　　）点/10点

To know the neighbor and his song repertoire is a good strategy.

（青山学院大・教育・一部改）

イントロ (いつに、どこで)	主人公 (主語、S)	主人公の説明	行動 (動詞、V)	...

...で・に、　　　　　　　　　　は　　　　(どの？)　　　　　　...した
　　　　　　　　　　　　　　　　　　　　　　　　　　　(be動詞、一般動詞、受身)

前半の訳　「　　　　　　　　　　　　　　　　　　　　　　　　　　　」

語句　neighbor「隣人」　song repertoire「歌のレパートリー」　strategy「戦略」

ヒント　鳥の話。となりの縄張りにどんな鳥がいて、その鳥がどのように鳴く (歌う) のかを知ることは生きていく上で重要らしい。

(正解)

To know the neighbor and his song repertoire is a good strategy.

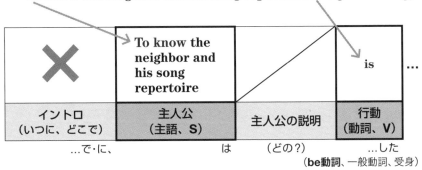

イントロ (いつに、どこで)	主人公 (主語、S)	主人公の説明	行動 (動詞、V)

...で・に、　　　　　　　　　　　　は　　　（どの?）　　　　...した
　　　　　　　　　　　　　　　　　　　　　　　　（be動詞、一般動詞、受身）

(前半の訳) 「隣人とその歌のレパートリー**を** 知る**ことは**、＝...」

　「To V ...始まり」なので後ろを見ると、今度はカンマがなく、行動部分らしき is が見えます。ならば、ここまで主人公のカタマリと考えていいですね。

　To know ...で「...知ることは、」ですが、まだ後ろに続きがあるので、「隣人とその歌のレパートリー**を** 知ることは、」ですね。

　ちゃんと「を」を付けてカタマリとして訳せたでしょうか。know という一般動詞の後ろなので the neighbor and his song repertoire はその「対象（目的語、O）」です。

　　To know　the neighbor and his song repertoire **,**
　　行動'　　　　　　対象'（O）

　皆さんは今まで「知ることは、そして隣人は、そして歌のレパートリーは」などと適当に読んでいませんでしたか？

　徐々に「英語が読める人」になってきたのでは？

　鳥にとってとなりのなわばりにどんな鳥がいて、どんな鳴き声のパターンを持っているのかを知ることは、生存競争を生き抜くうえで有効な戦略になるようです。

　　　　　　　　　　　　　　＊

　「To V ...始まり」と似ているのが次の「**Ving ...始まり**」ですね。

§7. Ving...

文の先頭 ❼ 「 Ving...」から始まる文

（1） Ving...（動詞のing形）から始まる文の読み方は？

Opening the door ...

さてこの文は、イントロ始まり？　主人公（主語）始まり？

例えば、下のような文があるとします。
この文は設計図をどう使った文かわかりますか？

　　Opening the door of the house was not easy.　　　　　　　—①

　　Opening the door of the house, he saw a stranger.　　　　　—②

これは動詞の ing 形で始まる文ですね。
先頭部分は全く同じですが、少しずつ違ってきていますね。

　　Opening the door of the house was not easy.　　　　　　—①

　　Opening the door of the house, he saw a stranger.　　　　—②

設計図をどう使った文かわかりますか？
まず①は？

Ving ...も to V ...と同じく「...することは」という名詞のカタマリを作れます。
　カタマリの後に動詞らしき is があるので、先頭のカタマリが主人公ということになりますね。

　設計図に分類してみましょう。

Opening the door of the house was not easy.　　　　──①

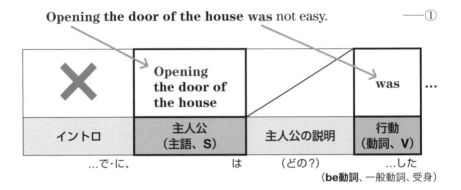

正解はこうですね。

Opening the door of the house was not easy.　　　　──①

前半の訳　「その家**の**ドア**を**開ける**ことは、**＝…」

Ving も **To V** と考え方は同じです。設計図の行動部分（動詞、**V**）に **ing** がついて、文の後半がそのまま残っているカタチになります。

なので「で」と「を」をちゃんとつけて、全部セットで訳してください。

Ving（一般動詞） ＋ **対象（目的語、O）** ＋ **対象（O）の説明か文全体の説明**
　　行動′　　　　　　　　　　対象′　　　　　　　　　　　説明′

Opening　the door　of the house　was …
　行動′　　対象′**を**　　説明′

では②は？
今度はカンマがあって、その後に主人公から普通の文があるみたいです。

これはカンマまでがイントロ、カンマの後が主人公ですね。やはり To V ...と同じです。

設計図に入れてみてください。

Opening the door of the house, he saw a stranger.　　　　——②

正解はこうですね。

Opening the door of the house, he saw a stranger.　　　　——②

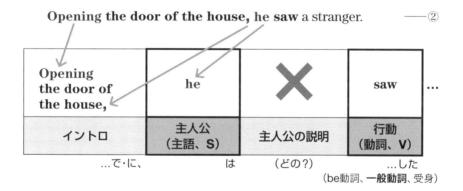

ここまでは同じですが、訳は？

前半の訳 「　　　　　　　　　　　　　　　　　　　　」

To V ...がイントロのときは一律「V するために、」と「目的」で訳せばよかったのでした。

しかし、**Ving ...**のイントロは、訳がいろいろあって一律でないのが、両者の違いなのです。

(2) イントロの訳

Ving ...のイントロの訳は、

「 ...**V** している 状況で 、」

というのが直訳で、すべての訳の土台になります。そしてその状況に応じて、

「 ...している 時に 、」と " 時 " で訳すか（ ☞ これが割と多い）

「 ...した ので 、」と " 理由 " で訳すか

「 ...する ために 、」と " 目的 " で訳すか

もっと漠然と、

「 ...し て 、」「 ...する と 、」などと " 前後関係 " で訳すか

状況に応じて訳し分けないといけないわけです。

また、書かれていませんが、**イントロの動詞（Ving）の主語（主人公）は、基本的にカンマ以降の文の主人公と同じです。**

〔 **Opening the door of the house,** 〕 **he saw** a stranger.
　　　行動′　　　 対象′　　　 対象′の説明
　　　 V′　　　　 O′　　　　 O′の説明

前半の訳　「（彼が）その家のドアを開けると、彼は、見た...」

　全体の訳は「その家のドアを開けると、彼は知らない人を見た」、つまり、彼がその家のドアを開けると、知らない人がいた、ということですね。

まとめると次のようになります。

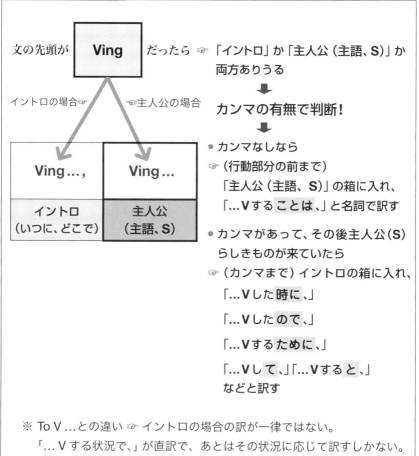

文の先頭 ❼

文の先頭が **Ving** だったら ☞ 「イントロ」か「主人公 (主語、S)」か両方ありうる

⬇

カンマの有無で判断！

⬇

● カンマなしなら
☞（行動部分の前まで）
「主人公 (主語、S)」の箱に入れ、
「…Vすることは、」と名詞で訳す

● カンマがあって、その後主人公 (S) らしきものが来ていたら
☞（カンマまで）イントロの箱に入れ、
「…Vした時に、」
「…Vしたので、」
「…Vするために、」
「…Vして、」「…Vすると、」
などと訳す

イントロの場合☞ ☜主人公の場合

Ving…, **Ving…**

| イントロ (いつに、どこで) | 主人公 (主語、S) |

※ To V …との違い ☞ イントロの場合の訳が一律ではない。
「…Vする状況で、」が直訳で、あとはその状況に応じて訳すしかない。

※なお、文頭で主人公となる To V と Ving の違いですが、どちらかと言えば、To V はこれから行うことを表し、Ving は習慣的なことを表すという傾向の違いがあります。

それでは練習してみましょう。

● 練習問題 ●

次のそれぞれの英文の前半部分（太字部分）を設計図に分類してみましょう。

▶練習1　　　　　　　　　　　　　　　　　　自己採点＝（　　）点/10点

Creating clothing for Pepper turned out to be more complicated
than expected.　　　　　　　　　　　（The Wall Street Journal: Nov. 25, 2015）

			...
イントロ （いつに、どこで）	主人公 （主語、S）	主人公の説明	行動 （動詞、V）

...で・に、　　　　　　　　は　　　　（どの？）　　　　　...した
（be動詞、一般動詞、受身）

前半の訳　「　　　　　　　　　　　　　　　　　　　　　　　　」

語句　create「作り出す」　clothing「服」　A turn out to be B「A は B とわか
る」　complicated「複雑な」　than expected「予想以上に」

テーマ　ロボットのペッパーの「服」を作ろうとしたが予想以上に...。

（正解）

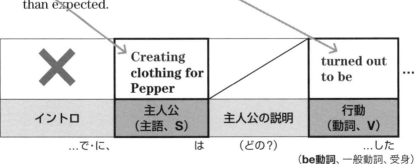

Creating clothing for Pepper turned out to be more complicated
than expected.

	Creating clothing for Pepper		turned out to be
✕			...
イントロ	主人公 （主語、S）	主人公の説明	行動 （動詞、V）

...で・に、　　　　　　　　は　　　　（どの？）　　　　　...した
（**be**動詞、一般動詞、受身）

【前半の訳】 「ペッパー君**の**服**を**作る**ことは**、＝（…とわかった）」

Ving で始まっていますが、カンマをさがしてもなくて、行動部分らしき turned …が見えるので、ここまで主人公のカタマリとなります。

　主人公のカタマリは名詞で訳すので、「作ること、服、ペッパー君のために」から、「ペッパー君**の**服**を**作る**ことは**、」となります。

　注意点なのですが、**長い主人公のカタマリ（句・節など主人公のカタマリが長い場合）に主人公の説明は付けられない**ので斜線にしておきました。

　後半は「思ったより複雑とわかった」ということです。

　ロボットの服は意外と難しいのでしょうか。

　turn out にはちょっと特殊な使い方があります。このように **turn out to be のパターンで be動詞のように使います**。（be 動詞系については pp.288-289を参照）

▶練習2　　　　　　　　　　　　　　　　　　　　自己採点＝（　　）点/10点

Using the remote play function, users can stream games from the console to a screen in a different location, over the Internet connection.　　　　　　　　　　　　(The Wall Street Journal: Nov. 27, 2015)

				...
イントロ （いつに、どこで）	主人公 （主語、S）	主人公の説明	行動 （動詞、V）	

　　　　　…で・に、　　　　　　は　　　　（どの？）　　　　…した
　　　　　　　　　　　　　　　　　　　　　　　　　（be動詞、一般動詞、受身）

【前半の訳】　「　　　　　　　　　　　　　　　　　　　　　　　　　」

【語句】 remote play function「遠隔プレイ機能」 stream「流す」 console 「コンソール」＝ディスプレー画面

【テーマ】 ソニーのプレステ4は遠隔操作（リモート機能）が可能に。

（正解）

Using the remote play function, users can stream games from the console to a screen in a different location, over the Internet connection.

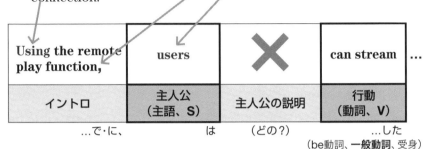

Using the remote play function,	users	✕	can stream ...
イントロ	主人公 （主語、**S**）	主人公の説明	行動 （動詞、**V**）

...で・に、　　　　　　　　は　　　（どの？）　　　　　　　...した
（be動詞、**一般動詞**、受身）

（前半の訳）　「遠隔プレイ機能 **を** 使う **と**（使うこと **で**）、ユーザー **は** 流すことができる...」

Ving で始まっているのでカンマをさがすと、カンマがあって、その後に主人公らしき users があるので、カンマまでイントロとわかりますね。

　問題はイントロ部分の訳ですが、

　「遠隔プレイ機能 **を** 使う **と**、」

と、とりあえず末尾を「と、」と軽く訳してみました。

後半は、

　「ユーザー **は** 流すことができる / ゲームを、手元のディスプレーからスクリーンへ、異なった場所から（遠隔操作で）、インターネットを通じて」

ということでしょう。

Addressing the twin threats of global warming and extremist violence, 151 world leaders kicked off two weeks of high-stakes climate talks outside Paris on Monday.

(The Wall Street Journal: Nov. 30, 2015)

				...
イントロ (いつに、どこで)	主人公 (主語、S)	主人公の説明	行動 (動詞、V)	

...で・に、　　　　　　　　は　　　(どの?)　　　　　　...した
　　　　　　　　　　　　　　　　　　　　(be動詞、一般動詞、受身)

前半の訳　「　　　　　　　　　　　　　　　　　　　　　　　　」

語句　address「処理する、扱う、話し合う」　twin threats「双子の脅威」（twin（双子の）は「同時に存在する2つの」という意味）　global warming「地球温暖化」（※この前の of は「...の...」ではなく「...という...」＝「同格の of」（次ページ参照））　extremist violence「過激派の暴力行為」　leader「リーダー、首脳」　kick off「スタートさせる、キックオフする」　high-stakes「一か八かの」　climate talks「気候についての話し合い」

テーマ　151か国の首脳がパリに集まり、会議気候変動についての話し合いが始まった。ちょうど過激派組織、イスラム国への対処が世界的な悩みだった頃の話。

正解

Addressing the twin threats of global warming and extremist violence, 151 world leaders **kicked off** two weeks of high-stakes climate talks outside Paris on Monday.

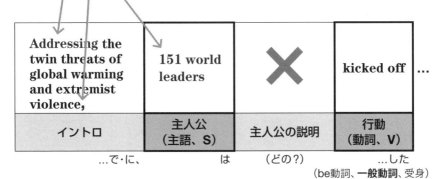

Addressing the twin threats of global warming and extremist violence,	151 world leaders	✕	kicked off ...
イントロ	主人公 （主語、**S**）	主人公の説明	行動 （動詞、**V**）
...で・に、	は	（どの？）	...した （be動詞、**一般動詞**、受身）

前半の訳 「地球温暖化と過激派の暴力 **という** 双子の脅威 **を** 処理する **ため に**、151か国の首脳たち **は**、スタートさせた...」

皆さんスラスラ読めたと思いますが、今までなら絶対読めなかった文なのでは？「Ving 始まり」なのでカンマをさがすとあるので、カンマまでイントロですね。そして、カンマの後の 151 world leaders を主人公の箱に入れます。

問題はイントロ部分の訳ですが、末尾は「...処理する **ため**、」「処理しようと **して**、」という感じでしょうか。「処理するため」⇨「双子の脅威 **を** 処理するため」。

そして of 以降は「地球温暖化と過激派の暴力という双子の脅威」と訳せばうまくいきそうですね。**of は「...の...」が基本**ですが、「...という...」と訳すこともできます。「地球温暖化と過激派の暴力」と「双子の脅威」は "同じこと" なので「**同格の of**」などと呼ばれています。

何をスタートさせたかというと「2週間の一か八かの気候変動会議を、パリ郊外で、月曜日に」ですね。何が「一か八かの」なのかというと、当時はテロが続発していて襲撃の恐れがあり、パリはとても危険だったのですね。つまり、命がけで集まったわけです。

*

次は **To V ...** と **Ving ...** の "受身バージョン" です。

§8. Ved (by...)

文の先頭 ⑧ 「Ved (byなど...)」から始まる文

(1) Ved (by...)（過去分詞＋byなど前置詞）から始まる文の読み方は？

　Scolded by the teacher, ...

　　さてこの文は、イントロ始まり？　主人公（主語）始まり？

　例えば、上のような文があるとします。この文は設計図をどう使った文かわかりますか？　「過去分詞＋ by など前置詞」で始まる文ですね。
　実際にはこんな文でした。

　Scolded by the teacher, the student cried.

　設計図をどう使った文かわかりますか？
　だいたいわかると思いますが、これは**カンマまでがイントロ、カンマの後が、主人公**ですね。

　設計図に分類してみてください。

　Scolded by the teacher, the student cried.

			...
イントロ （いつに、どこで）	**主人公** （主語、S）	**主人公の説明**	**行動** （動詞、V）
...で・に、	は	（どの？）	...した （be動詞、一般動詞、受身）

訳　「　　　　　　　　　　　　　　　　　　　　　　　」

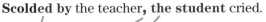

正解はこうですね。

Scolded by the teacher**, the student** cried.

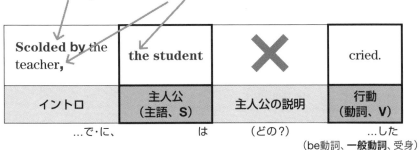

Scolded by the teacher,	the student	✕	cried.
イントロ	主人公 （主語、S）	主人公の説明	行動 （動詞、V）
…で・に、	は	（どの?）	…した （be動詞、**一般動詞**、受身）

訳 「先生にしかられたので、生徒は泣いた」

つまり、**イントロ**は、受身文の過去分詞以降が残っているカタチです。

受身は「**be動詞＋過去分詞（Ved）**」、訳は「**… V される、V された**」でしたね。この be動詞が省略されているカタチです。そして「誰に、何に」されたのかを表すため、後ろに **by ＋名詞**など「**前置詞＋名詞**」が続くのが一般的です。

（2）イントロの訳

なのでイントロ部分は、

「（…に）○○された ので 、」
「（…に）○○され て 、」

などと受身で訳してください。

「Ving …始まり」同様、基本的に**イントロの動詞の主語は、全体の主人公と同じ**です。しかられたのは、その生徒ですね。つまり、

- Ving…　　☞ 一般動詞 ＋ 対象（目的語、O）…
  　　　　　訳「…を○○したので」など
- Ved（by…）　☞ 受身 ＋ 行動（動詞）の説明
  　　　　　訳「…に○○されたので」など

という違いですね。**Ving ...のイントロの受身バージョン**と思ってください。

(by ...) の箇所は、by とセットになることが多いが、他の前置詞が来たり、前置詞がないこともある、という意味でカッコ付きにしています。

すると訳は受身の文と同じく、

「（...に）○○された 状況で 、」

が直訳なので、状況に応じて、

「（...に）○○された ので 、」(理由)
「（...に）○○され て 、」　　（状況?　前後関係?　原因?）

などと訳すことになります。一律の訳はありません。

まとめてみましょう。

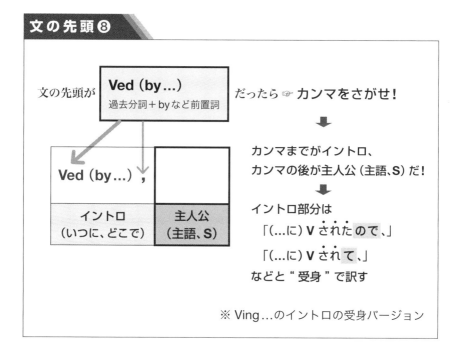

それでは練習してみましょう。

● 練習問題 ●

次のそれぞれの英文の前半部分（太字部分）を設計図に分類してみましょう。

▶ 練習1　　　　　　　　　　　　　　自己採点＝（　　）点/10点

Backed by the boom, the ministry has been pushing to promote the food culture and boost the exports of Japan's agricultural products.　(The Wall Street Journal: Nov. 24, 2015)

イントロ	主人公 (主語、S)	主人公の説明	行動 (動詞、V)	...
...で・に、	は	（どの?）	...した (be動詞、一般動詞、受身)	

前半の訳　「　　　　　　　　　　　　　　　　　　　　　　　　」

語句　back（動詞）「後押しする」　boom「ブーム」　ministry「省」　push「推し進める、力を入れる」　promote「促進する」　boost「押し上げる」　exports「輸出」　agricultural products「農産物」

テーマ　外国人シェフの「和食」のコンテストが開かれるほど和食がブームに。

(正解)

Backed by the boom, the ministry has been pushing to promote the food culture and boost the exports of Japan's agricultural products.

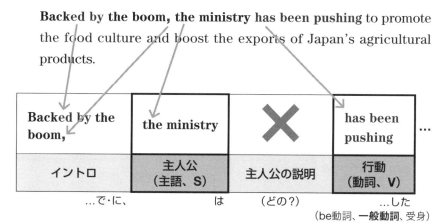

Backed by the boom,	the ministry	✕	has been pushing	...
イントロ	主人公 （主語、**S**）	主人公の説明	行動 （動詞、**V**）	

　　　　...で・に、　　　　　　は　　　　（どの？）　　　　...した
　　　　　　　　　　　　　　　　　　　　　　　　（be動詞、**一般動詞**、受身）

（前半の訳）　「ブームに後押しされて、省はずっと推し進めている...」

　Backed by ...といきなり「過去形のような形＋by など前置詞」で始まっているので、「もしや過去分詞を使ったイントロでは？」と考えましょう。

　ならばカンマがあるはずと思って先を見るとあるので、カンマまでがイントロ、カンマの後が主人公ということですね。

　イントロ部分は「ブームに後押しされて、」という感じですね。

　後半まで訳すと「和食ブームに後押しされて、省は、日本の食文化をプロモートすること、そして日本の農産物を海外に輸出することを推し進め続けている」という記事のようです。農林水産省でしょうか。

　has been pushing なので、今までもずっとしてきたし（完了形）、今もその最中（be動詞＋ ing 形＝進行形）という感じですね。

▶**練習2** 自己採点＝（　　　）点/10点

Asked about the princess, Prince Akishino said that she appears to be working until late at night to complete some of her schoolwork.

(The Wall Street Journal: Nov. 30, 2015)

前半の訳　「　　　　　　　　　　　　　　　　　　　　　　　　　　　」

語句　ask about「…についてたずねる」　princess「王女、王妃、プリンセス」　Prince Akishino「秋篠宮殿下」　appear to V「…するように見える」　until「…まで」　complete「完了する」

テーマ　秋篠宮様が50歳の誕生日で会見。次女の佳子様について語る。

正解

Asked about the princess, Prince Akishino said that she appears to be working until late at night to complete some of her schoolwork.

前半の訳　「王妃**について**たずね**られて**、秋篠宮殿下**は**述べた...」

　Asked about ...といきなり「過去形のような形＋about という前置詞」で始まっているので、「過去分詞を使ったイントロかな？」と思うと、やはりカンマがあるので、カンマまでがイントロ、カンマの後の Prince Akishino が主人公ですね。

　イントロ部分は「プリンスについてたずね**られて**（質問**されて**、）」という感じですね。

　イントロの後は「秋篠宮殿下は述べた / that 以下のことを」ということです。

　後半は「彼女（娘）はやっているみたいですよ / 夜遅くまで / 学校の宿題を終わらせようと」ですね。

▶**練習3**　　　　　　　　　　　　　　　　　　　　自己採点＝（　　　）点/10点

Compared to the same period a year earlier, corporate profits rose 9.0 percent.　　　　　　　(The Yomiuri Shimbun: Dec. 1, 2015)

				...
イントロ	主人公 （主語、S）	主人公の説明	行動 （動詞、V）	
...で・に、	は	（どの？）	...した (be動詞、一般動詞、受身)	

前半の訳　「　　　　　　　　　　　　　　　　　　　　　　　　　　　　　」

語句　compare A to B「A を B と比較する、比べる」　the same period「同じ期間」　earlier「より早い」　corporate profits「企業収益」　rose「rise（上昇する）の過去形」

テーマ　日本の経済成長の悲観論をくつがえすデータ。

[正解]

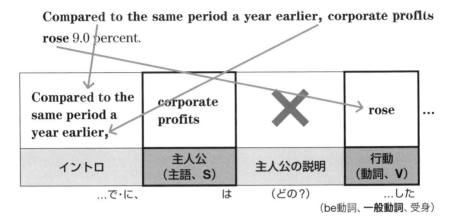

Compared to the same period a year earlier, corporate profits rose 9.0 percent.

[前半の訳]　「1年前の同時期に**比べて**、企業収益**は**上昇した…」

Compared と過去分詞らしきものから始まっているので、カンマまでイントロですね。

「1年前の同時期**と比べられると**、企業収益**は**…」が直訳ですが（企業収益が自分で比べるわけではないので）、自然な日本語は「比べると、」「比べて、」です。1年前より9%上昇したのですね。「企業収益は前年同期比9%増となった」ということです。

＊

以上、準動詞（動詞を変化させたもの：「動詞の役目をしていない動詞」という意味）から始まる3パターンをやりましたが、いかがでしたか？　意外と簡単だったのでは？

学校ではこの3つのパターンをバラバラに習うのでよくわからないのですが、**「文の先頭にあれば？」**という視点で整理するとわかりやすいのです。

「3つセットで、何がどう違うか」と考えると整理しやすいと思います。

＊

次は超重要な**「It から始まる文」**にいきましょう。

これは、To V …のパターンがわかっていれば簡単です。

§9. It... 重要!

文の先頭 ⑨　「 It... 」から始まる文

（1）It ...から始まる文の読み方は？

It is important …

**さてこの文は、イントロ始まり？　主人公（主語）始まり？
"それ"ってどれ？**

今度はこんな始まり方の文を考えてみましょう。
「こんな」とは It から始まる文です。

*It?　It*なんて「それ」に決まってるでしょ！
それくらいわかるよ。バカにするな。何が問題なの？

そう思うかもしれませんが…。
もちろん It は「それ」。
そして先頭にあれば、**「最初の名詞」**なので主人公（主語、**S**）ですね。
なので、「それ**は**…」と訳していいですね。

「それは、…」

問題は「それ」って「どれ?」ということ。

(2) 「それ」の内容が後ろにある！

通常の代名詞なら「それ」の内容は必ず「前」にありますね。

　　I bought a camera. **It** was very expensive.
　　「カメラを買った。**それは**とても高かった」

この It は前のカメラ（a camera）のことですね。
しかし、**It は特殊な代名詞**で、「それ」の内容が前にあるとは限らないのです。

「それ」の内容が、

* 前にあるパターン（普通の代名詞）　☜ 9〜10%
* その文の後ろにあるパターン　　　☜ **重要！　実は90%以上はこれ！**
* どこにもないパターン　　　　　　☜「天候のIt」など。ほぼないので無視
　　　　　　　　　　　　　　　　　　してもいい

の**計3パターン**があるのです。
とりわけ、It の内容がその文の後ろにあるパターンが重要なのです。

　実は**先頭に It があれば、ほぼ90% は、この It の内容がその文の後ろにある
パターン**なのです。知っていましたか？

　　It is important **to open the door of the house**.

冒頭の例は実際はこんな文でした。
「それは重要だ」と言って、「それ」の内容が実は to V ...以下のことなのです。

　　このItは仮の主人公（主語、S）で、
　　本当の主人公（主語、S）は、to V... 以下の準動詞のカタマリ

ということですね。つまり、

　　「その家のドアを開けることは」

　これが実は**本当の主人公 (真主人公)** なのです。

　こういうのを私は「**仮主人公−真主人公**」パターンと呼んでいます (文法用語で「**仮主語−真主語**」パターンと言います)。

It is important **/ to open the door of the house**. ──①
仮主人公　　　　　　　　　　　　　真主人公

「それは重要だ / (それとは?) **その家のドアを開けることは**」
＝「その家のドアを開けることは、重要だ」
　　　　　　　　　　🖑
　　　　「それ」の訳が消える!

　It is important で文としては終わっていますよね。

　しかし、その後に突如「真主人公の箱」が登場する感じです。

(3) **It 専用設計図**

　「それ」の内容が後ろにある…

　こんな使い方ができるのは、**数ある代名詞の中でも It だけに許された特権**なのです。なので、次のような「**It 専用設計図**」で読んでいきましょう。

　真主人公 (真主語) は **to V …**パターンと **that 節**パターンが大半です。

◎ It 専用設計図

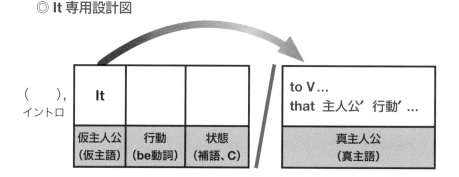

文の前に that を付けると「主人公'が（○○を）行動'する**こと**」という
"**1個の名詞**"を作ることができるのです。
これを **that 節**といいます。「**that が作る1個の名詞**」と考えればいいでしょう。

例えば、こんな文があるとします。

It is important **that you open the door of the house**.

「それは重要だ」とあるので、「それ」ってどれ？と思って、「それ」の内容は
後ろだなと思うと、that があってその後に文が続いている感じですね。
　ならば、**この that 節を真主人公**だと考えていいです。

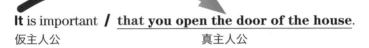

It is important **/ that you open the door of the house**.
仮主人公　　　　　　　　　　　真主人公

「それは重要だ /（それとは？）あなたがその家のドアを開ける**ことは**」

ということですね。普通に訳すと、

「あなたがその家のドアを開ける**ことは**、重要だ」

となって、「それ」の訳が消えるわけです。

It...で始まる文があれば　☞　**後ろに to V...か that 節がないか探せ！**
⬇
あれば、それが本当の主人公（真主人公、真主語）だ！
⬇
それを主人公にして「...ことは、○○だ」と訳せ！（「それ」の訳は消える）

というわけです。まとめると次のようになります。

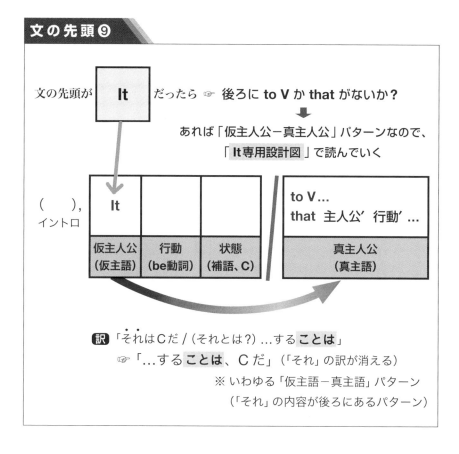

これがなぜ重要かというと、**論文や英字新聞などで頻出する表現**だからです。
　基本的に自分の主張を強調して使う表現なので、論文や新聞とは相性がいいんですよね。だから頻出します。

　それでは練習してみましょう。

● 練習問題 ●

次のそれぞれの英文を設計図に分類してみましょう。

▶練習1   自己採点＝（　　　）点/10点

It is impossible to deploy police officers to all facilities.

(The Yomiuri Shimbun: Nov. 17, 2015)

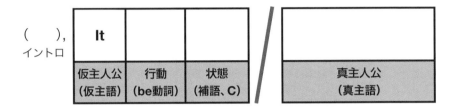

直 訳　「それは　　　　　　　　　　　　　　　　　　　　　　　　」
　⇩
完成訳　「　　　　　　　　　　　　　　　　　　　　　　　　　　　」

語 句　impossible「不可能な」 deploy「展開する、配置する」 police
officers「警官」 facilities「施設」

テーマ　フランスで起きたテロに対し日本でも警戒が広がる。すべての施設
に警官を配置したいのだが…。

[正解]

It is impossible **to deploy** police officers to all facilities.

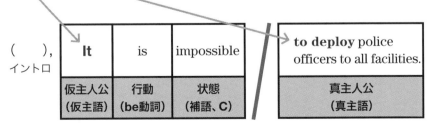

直 訳 「それは不可能だ/すべての施設**に**警官**を**配置する**ことは**」

⇩

完成訳 「すべての施設**に**警官**を**配置する**ことは**、不可能だ」

Itで始まっているので、後ろに**to V …**か**that …**がないか見ると、やはり**to deploy …**が見えますね。

つまり、「それは不可能だ」と言っておいて、「それ」の内容は後ろのto deploy …以降です。そこで、「なるほど、仮主人公—真主人公パターンだな」と思って、いつもの設計図ではなく、It専用設計図を使って読みます。

to deploy …以降は、「配置する**こと**、警官**を**、すべての施設**に**」なので、「すべての施設に警官を配置することは、」と訳せばいいですね。これが不可能だと言っているのです。完成訳に「それ」がないことに注意してください。

▶**練習2**　　　　　　　　　　　　　　　　　　　　自己採点＝(　　)点/10点

It is important that the private and public sectors make concerted efforts. (The Yomiuri Shimbun: Nov. 17, 2015・一部改)

( ), イントロ	It				真主人公 (真主語)
	仮主人公 (仮主語)	行動 (be動詞)	状態 (補語、C)		

直 訳 「それは　　　　　　　　　　　　　　　　　　　　　　　　　」

⇩

完成訳 「　　　　　　　　　　　　　　　　　　　　　　　　　　　　　」

語 句 important「重要な」　private「民間の」　public「公共の」　sectors「部門」　concerted「協調した、協力した」　make efforts「努力をする」

テーマ 日本の経済成長に必要なもの。

正解

It is important **that** the private and public sectors make concerted efforts.

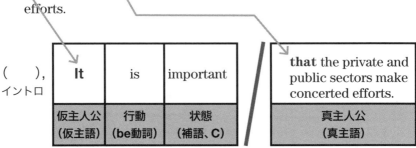

( ), イントロ	**It**	is	important	/	**that** the private and public sectors make concerted efforts.
	仮主人公 （仮主語）	行動 （be動詞）	状態 （補語、C）		真主人公 （真主語）

直 訳　「それは重要だ／民間と公共部門**が**協力した努力**を**する**ことは**」
⇩
完成訳　「民間と公共部門**が**協力した努力**を**する**ことは**、重要だ」

It で始まっているので、後ろに **to V** ...か **that** ...がないか見ると、**that** ...があ
りますね。
　「それは重要だ」と言っておいて、「それ」の内容が後ろにあるパターンです。
「that 以降のことは、重要だ」と言っているのですね。

▶練習 3　　　　　　　　　　　　　　　自己採点＝（　　　）点 /10 点

It is necessary to ensure the establishment of "a virtuous economic circle". (The Yomiuri Shimbun: Nov. 17, 2015)

( ), イントロ	**It**			/	
	仮主人公 （仮主語）	行動 （be動詞）	状態 （補語、C）		真主人公 （真主語）

直　訳　「それは　　　　　　　　　　　　　　　　　　　　　　　　　　　」
　　⇩
完成訳　「　　　　　　　　　　　　　　　　　　　　　　　　　　　　　　」

語　句　necessary「必要な」 ensure「確実にする、確かなものにする」
establishment「設立、形成、確立」 a virtuous economic circle「価
値ある経済循環、高貴な経済循環、経済の好循環」

テーマ　日本の経済成長にとって必要なもの。

〔正 解〕

It is necessary **to ensure** the establishment of "a virtuous economic
circle".

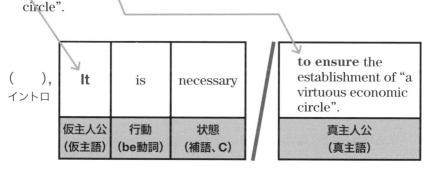

（　）, イントロ	**It**	is	necessary	to ensure the establishment of "a virtuous economic circle".
	仮主人公 (仮主語)	行動 (be動詞)	状態 (補語、C)	真主人公 (真主語)

直　訳　「**それ は** 必要だ /『価値ある経済循環』**の** 形成 **を** 確かなものにす
る **ことは** 」
　　⇩
完成訳　「『価値ある経済循環』**の** 形成を確かなものにする **ことは** 、必要だ」

何が必要かというと、to ensure ...以降ですね。
「確かなものにすること、その形成を、『価値ある経済循環』の」なので、完成
訳のように訳しました。「の」「を」など正しい"てにをは"を付けて訳せました
か？
to ensure ...以降はセットで、カタマリで訳してくださいね。

It is not permissible to take the bustle away from Tsukiji.

(The Yomiuri Shimbun: Nov. 17, 2015)

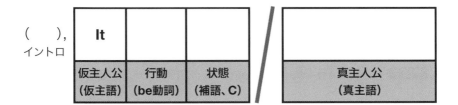

（　　）, イントロ	**It**			真主人公 （真主語）
	仮主人公 （仮主語）	行動 （be動詞）	状態 （補語、C）	

直　訳　「それは　　　　　　　　　　　　　　　　　　　　　　　」
　⇩
完成訳　「　　　　　　　　　　　　　　　　　　　　　　　　　　」

語句　permissible「許される、容認される」　bustle「にぎわい」　take A
away「Aを取り除く、取り去る」

テーマ　築地から豊洲に移転しても、築地の「にぎわい」をなくすな。

〔正解〕

It is not permissible **to take** the bustle away from Tsukiji.

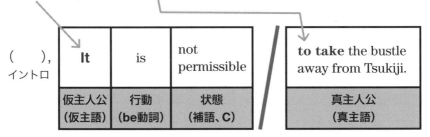

（　　）, イントロ	**It**	is	not permissible	**to take** the bustle away from Tsukiji.
	仮主人公 （仮主語）	行動 （be動詞）	状態 （補語、C）	真主人公 （真主語）

直　訳　「それは許されない / 築地**から**にぎわい**を**取り除く**ことは**」
　⇩
完成訳　「築地**から**にぎわい**を**取り除く**ことは**、許されない」

「それは許されない」と今度は否定語notが入っていますが、考え方は同じです。

何が許されないのか、「それ」の内容がto take ...以降ですね。「築地から『にぎわい』をなくすこと」は許されないと言っているのです。市場が豊洲に移っても...、ということです。

このように「許されない」「不可能だ」「必要だ」など作者の"主張"が入るのが、この **It** を使った「仮主人公－真主人公」パターンの特徴です。

これらは**作者があくまでそう思っているだけ**ですね。なので、**論文などで頻出**になるのです。

次はいわゆる「**意味上の主語**」パターンです。

■ **レベル2：意味上の主語が入るパターン** _____

▶**練習5**　　　　　　　　　　　　　　　　自己採点＝（　　）点/10点

It is important for companies to pass on their earnings to wages.

（The Yomiuri Shimbun: Nov. 17, 2015）

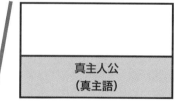

（　）, イントロ	**It**			/	
	仮主人公 （仮主語）	行動 （be動詞）	状態 （補語、C）		真主人公 （真主語）

直 訳 「それは　　　　　　　　　　　　　　　　　　　　　　」

　⇩

完成訳 「　　　　　　　　　　　　　　　　　　　　　　　　　」

語 句 companies「企業、会社」 earnings「収入、稼ぎ」 wages「（従業員の）賃金」 pass on A to B「AをBに回す、AをBに転換する」

ヒント to V ...　　　 ＝「Vすること」
　　　　　 for A to V ... ＝「AがVすること」

to V …の主人公（主語）を明確にしたいとき、前に「for ○○」を付けます。

これを「意味上の主語」（to V …の主語）と言います。

なので、for …以降をすべて真主人公の箱に入れてください。

正解

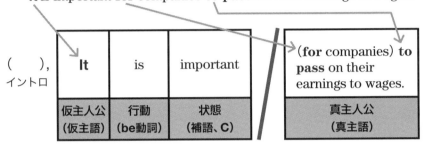

It is important **for** companies **to pass** on their earnings to wages.

	It	is	important	(**for** companies) **to pass** on their earnings to wages.
（　）， イントロ	仮主人公 （仮主語）	行動 （be動詞）	状態 （補語、C）	真主人公 （真主語）

直　訳　「それは重要だ／企業が自分たちの収入を従業員の賃金に回すこ
⇩　　　とは」

完成訳　「企業が自分たちの収入を従業員の賃金に回すことは、重要だ」

to V …の前に「for …」があるときは、**for** から真主人公（真主語）の箱に入れてください。

「誰が」自分たちの収入を従業員の賃金にするのかというと、「企業が」ですね。企業が収入を貯め込んでしまって従業員に還元していないという問題です。

なので、それを明確にするために to V …の前に for …という「意味上の主語」を付けているのですね。こんなパターンもあるので注意。

＊

「It から始まる文」はどうでしたか？　重要ですよ。

「It 始まり」は皆さん割と得意だったのではないでしょうか。

「to V …始まり」の話を先にしておいてよかったですね。

知らないとまさに「命取り」ですよね。

＊

それでは、次の **What** …に行きましょう。これも実は意外とよく出てきます。まさに知らないと命取り！

§**10**. What...

　「 **What...** 」から始まる文

（1）What...から始まる文の読み方は？

What she ...

さてこの文は、イントロ始まり？　主人公（主語）始まり？

今度は「What 始まり」です。これも知らない人が多い。

What?　そんなの簡単でしょう。「…は何?」という疑問文だよね。
バカにするな。

そう思っている人が多いのですが、そうかな？

（2）文末は？

例えばここに3つの文があります。いずれも「What 始まり」ですが…

What did she say now?　　　　　 ──①
What a beautiful day it is today!　──②
What she said is true.　　　　　 ──③

まず①は文末に「?」マークがあるので、疑問文ですね。（p.252で説明します）

What did she say now?「彼女は今、何て言ったの?」　　　　　──①

②は文末に「!」マークがあるので感嘆文ですね。（これも p.264で）

What a beautiful day it is today!「今日は何と素晴らしい日だ!」──②

では③は？

何も付いていませんね。実はこのケースの方が圧倒的に多いのです。
作者の付け忘れかな？などと思って平気で疑問文で訳す人が多いのですが、
そんなことはない。
これは疑問文でも感嘆文でもなく**普通の文**ですよ。

実はこう訳すのが正解。

> What she said is true.　　　　──③
> 「**彼女が言ったことは、本当だ**」

先頭の **What** から **said** までがカタマリで主人公（主語、**S**）になっているの
です。

> What she said　　is　　true.　　──③
> 　主人公　　　　行動　　状態
> 　　　　　　　（be動詞）

(3)　「...ものは」「...ことは」と訳す What

つまり、設計図をこう使ったわけです。前半の太字部分を入れてみましょう。

What she said is true.

イントロ （いつに、どこで）	主人公 （主語、**S**）	主人公の説明	行動 （動詞、**V**）	...

（be動詞、一般動詞、受身）

正解はこうですね。

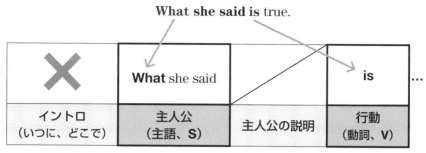

（**be**動詞、一般動詞、受身）

　つまり、**What** も準動詞や **that** 節と同じく"**1個の名詞のカタマリ**"を作れるのですが、それは「...なものは」「...なことは」というカタマリです。

　カタマリの中では **What** は動詞の「対象（目的語、**O**）」になっているのがわかるでしょうか？

What	she	said	is ...
対象′	主人公′	行動′	行動
O′	S′	V′	V

　that 節の that は完全に文の外にありましたが、そこがこの What ...と that 節との違いですね。What は自らも役目があります。

What は the thing の代わりなのです。なので、「もの」「こと」と訳します。それがどんな「もの」「こと」なのかを後で説明している感じ。

少し練習してみましょう。訳してみてください。
最後が「もの」「こと」で終わって「...なもの」「...なこと」と訳します。

- What I want ...
  「　　　　　　　　　　　　　　　　」は...
- What the man has ...
  「　　　　　　　　　　　　　　　　」は...
- What she likes ...
  「　　　　　　　　　　　　　　　　」は...
- What is important ...
  「　　　　　　　　　　　　　　　　」は...

できましたか？　正解はこうですね。

- **What** I want …
  「私が欲しい**もの**」は …
- **What** the man has …
  「その男が持っている**もの**」は …
- **What** she likes …
  「彼女が好きな**もの**」は …
- **What** is important …
  「重要な**こと**」は …

つまり、

　　Whatで始まる文は
　　☞　文末を見る
　　☞　文末に "?" も "!" もなければ
　　☞　**(行動部分まで) 主人公のカタマリで**
　　☞　「…な **ものは**、」「…な **ことは**、」と
　　　　1個の名詞のカタマリとして訳す

ということですね。

　What で始まっていたら、およそ**90%** 以上は、この「…ものは」「…ことは」
と訳す「主人公のカタマリを作る **What**」なのです。

まとめましょう。

文の先頭 ⑩

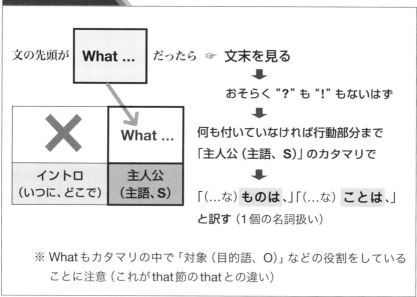

文の先頭が **What ...** だったら ☞ **文末を見る**

⬇

おそらく " ? " も " ! " もないはず

⬇

何も付いていなければ行動部分まで「主人公 (主語、S)」のカタマリで

⬇

「(...な) ものは、」「(...な) ことは、」と訳す (1個の名詞扱い)

※ What もカタマリの中で「対象 (目的語、O)」などの役割をしていることに注意 (これが that 節の that との違い)

What ...

×	**What ...**
イントロ (いつに、どこで)	主人公 (主語、S)

　基本的に、What のカタマリの後に出てくる行動 (動詞、V) 部分は **is や was** などの **be動詞**がほとんど。

　なので、カタマリの後に be動詞が出てくるだろうと予測しながら読んでください。

　それでは実際の文で練習してみましょう。

● 練習問題 ●

次のそれぞれの英文の前半部分（太字部分）を設計図に分類してみましょう。

▶練習1　　　　　　　　　　　　　自己採点＝（　　）点/10点

What Coontz found was even more interesting than she'd originally expected.

（早稲田大・法）

				...
イントロ （いつに、どこで）	主人公 （主語、S）	主人公の説明	行動 （動詞、V）	

（be動詞、一般動詞、受身）

前半の訳　「　　　　　　　　　　　　　　　　　　　　　　　　　　」

語句　Coontz「クーンツ（人名、女性歴史学者）」　find「見つける、発見する」　even「さらに」　interesting「興味深い、意義がある」　originally「当初は」　expect「予想する、予期する」

正解

What Coontz found was even more interesting than she'd originally expected.

（**be動詞**、一般動詞、受身）

前半の訳 「クーンツが発見した**ものは**、＝…」

「What 始まり」なので、文末を見ると"?"も"!"も付いていない。ならば、行動部分まで主人公（主語、S）ですね。was が見えるのでその直前までを主人公の箱に入れます。「…ものは」「…ことは」と訳すパターンです。訳せたでしょうか？「クーンツが発見したものは、」ということですね。

なお、**主人公のカタマリが長い（句・節）と主人公の説明は付けられない**ので斜線（／）にしています。（p.207も参照してください）

▶ 練習2 　　　　　　　　　　　　　自己採点＝（　　　）点/10点

What is needed at 'home' is not experts, but warm feelings.

(The Yomiuri Shimbun: Dec. 18, 2015)

イントロ (いつに、どこで)	主人公 (主語、S)	主人公の説明	行動 (動詞、V)	…

（be動詞、一般動詞、受身）

前半の訳 「　　　　　　　　　　　　　　　　　　　　　　　　」

語句 need「必要とする」 home「家、ホーム」 not A but B「A ではなく B」 experts「専門家」 feelings「雰囲気、フィーリング」

テーマ "子供のホスピス（終末医療施設）"が日本ではじめて開設される予定。その院長が語る。

(正解)

What is needed at 'home' is not experts, but warm feelings.

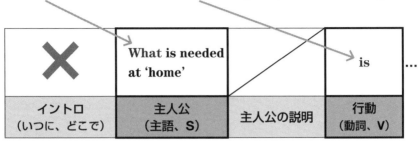

（**be**動詞、一般動詞、受身）

(前半の訳) 「家に必要とされる**ものは**、＝…」

ちょっと難しいですが大丈夫だったでしょうか？
　まず、「What 始まり」で文末は普通のピリオドなので、主人公のカタマリですね。前半最後に is があるのでその前までを主人公の箱に入れます。
　主人公のカタマリは訳せましたか？　 is needed と受身になっているので「家に必要とされるものは、」ですね。
　子供ホスピスを"家"と称して、その家に必要とされるのは、専門家（医者）の技術ではなく、暖かい雰囲気だ、という文です。訳せた人はすごい！

▶**練習3**　　　　　　　　　　　　　　自己採点＝（　　）点/10点

What Musk is envisioning is cars with advanced capabilities.

（立教大・法・改題）

イントロ （いつに、どこで）	主人公 （主語、S）	主人公の説明	行動 （動詞、V）
			...

（be動詞、一般動詞、受身）

前半の訳 「　　　　　　　　　　　　　　　　　　　　　　　　　　　　　　　」

語句 envision「心に描く、思い描く」 advanced「先進的な、最先端の」
capabilities「能力、性能、機能」

ヒント Musk「イーロン・マスク（世界的実業家）」

テーマ 未来の車の話。自動運転車などは実現するか。

正解

What Musk is envisioning is cars with advanced capabilities.

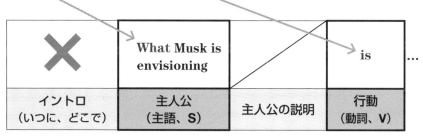

（**be動詞**、一般動詞、受身）

前半の訳 「マスク**が**思い描いている**ものは**、＝…」

What から始まっていて、文末に何もないなら、主人公のカタマリ。

行動部分をさがすと is があるので、ここまでが主人公（主語、S）のカタマリですね。

「（実業家の）マスク氏が頭の中で思い描いているものは、」ということです。何かというと「先進の性能を備えた車」だそうです。自動運転車などのことですね。

*

重要なのはここまでです。

あとの2つは簡単なものの確認か、めったに出てこないパターンです。

一応見ておきましょう。

まずは**「1語のイントロ」**から。

§11. But / -ly / Whether...

文の先頭 ⑪-1 「 But...」や「 -ly 」から始まる文

(1) But...から始まる文の読み方は？

But she was …

さてこの文は、イントロ始まり？ 主人公 (主語) 始まり？

このように But (しかし、) から始まる文もありますね。

これはもう「**1語のイントロ**」と考えてください。

つまり、But をイントロの箱に入れて、普通に「しかし、」と訳してもられば
いいです。

But の次にあるものが主人公 (主語、**S**) というわけです。

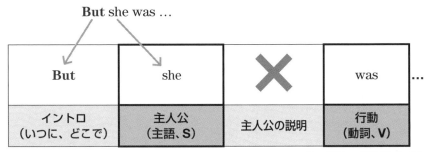

But she was …

But	she	✕	was	…
イントロ (いつに、どこで)	主人公 (主語、**S**)	主人公の説明	行動 (動詞、**V**)	

(**be動詞**、一般動詞、受身)

訳 「しかし、彼女 **は** …」

But には本当は「等位接続詞」という難しい名前がついていますが、

私は「**接続語**」と呼んでいます。カンマなしの1語のイントロですね。

要は前文とのつながり、接続のためのものですね。

接続語の仲間には **And** (そして) と **Yet** (けれども) がありますが、これらも
同じく「1語のイントロ」としてイントロの箱に入れたらいいですね。

そして訳は「そして、」「けれども、」と訳せばいい。これは簡単。

(2) …lyから始まる文の読み方は？

Recently, the women …

さてこの文は、イントロ始まり？　主人公 (主語) 始まり？

But …とよく似ているのが先頭の「**1語の副詞**」です。

このように Recently, など… ly があって、カンマがある、というケースがあります。

これはまさに「1語のイントロ」で、カンマがあるので、そこまでイントロ、カンマの後が主人公と考えていいですね。

そして訳は「最近、…」と訳せばいいです。

カタチはこのように… ly となっていることが多いので、わかるはず。

(もちろん… ly でないカタチもありますが)

これは正式には「文頭副詞」と言います。要は文頭にある1語の副詞ですね。

まあ、**だいたいはその後にカンマがあるのでわかる**と思います。

Recently, the women …

Recently,	the women		
イントロ (いつに、どこで)	主人公 (主語、S)	主人公の説明	行動 (動詞、V)

訳　「**最近、女性たち は**…」

簡単でしょ？

文頭副詞の仲間には以下のようなものがあります。

Fortunately（幸運にも）　Unfortunately（不幸にも）
Suddenly（突然）　Finally（ついに）

　-ly 以外では However,（しかし）が重要です（But と違って、後にカンマが置かれます）。公的な文では通常、文頭では「しかし」の意味では But よりも However が用いられます。

　だいたい**文頭副詞の場合はカンマを付けてくれる**ので、イントロとわかると思います。

　1語のイントロ、どうですか？　わかりましたか？

　まとめると次のようになります。

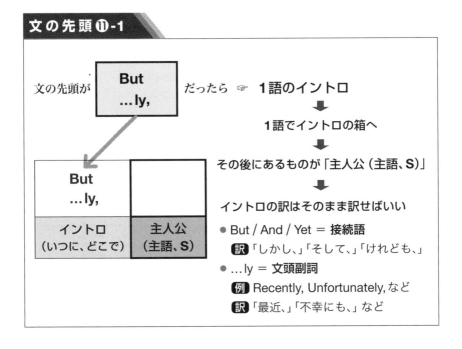

文の先頭⓫-1

文の先頭が｜ But … ly, ｜だったら ☞ **1語のイントロ**
⬇
1語でイントロの箱へ
⬇

But … ly,	
イントロ（いつに、どこで）	主人公（主語、S）

その後にあるものが「主人公（主語、S）」
⬇
イントロの訳はそのまま訳せばいい

● But / And / Yet ＝ **接続語**
　訳「しかし、」「そして、」「けれども、」
● … ly ＝ **文頭副詞**
　例 Recently, Unfortunately, など
　訳「最近、」「不幸にも、」など

文の先頭 ⑪-2　「Whether ...」や「疑問詞 ever ...」から始まる文

(3) Whether ...から始まる文の読み方は？

Whether she is ...

さてこの文は、イントロ始まり？　主人公（主語）始まり？

今度は Whether で始まる文を考えてみましょう。

あまり見ないですが、たまに出てきます。

これは実はまず長いカタマリを作ります。単独では使えない。

そしてそのカタマリは、**イントロのケース**と、**主人公（主語、S）のケース**の両方があり、それによって訳が違ってきます。

　　イントロなら　☞「...であろうとなかろうと、」
　　主人公なら　　☞「...かどうかは、/ ...か否かは、」

という訳になるのです。

どうやって見分けるかですが、意味から？

いえいえ、皆さんならもうわかるはず。

そう「**カンマ**」ですね。

カンマの有無で簡単に見分けられます。

　　カンマがあれば　☞ イントロ
　　　　　なければ ☞（行動部分まで）主人公のカタマリ

と考えていいです。

実際にはこんな文でした。

Whether she is a student or not**,** the people ...　──①

Whether she is a student or not is ...　　　　　　──②

どちらも途中までは同じですが、①はカンマがあって、その後に主人公らしき the people がある。ということは、**Whether** のカタマリはイントロですね。

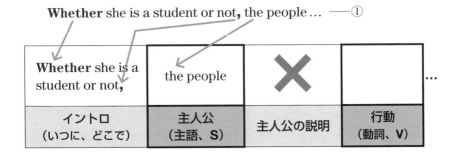

Whether she is a student or not, the people ... ——①

Whether she is a student or not,	the people	✕		...
イントロ (いつに、どこで)	主人公 (主語、S)	主人公の説明	行動 (動詞、V)	

訳 「彼女が学生**であろうとなかろうと**、人々**は**...」

例えば、「...であろうとなかろうと、人々は、愛している、彼女を」みたいな
文ですね。

対する②は、カンマをさがしてもなくて、行動部分らしき is が見えますね。
ということは、**このカタマリを主人公 (主語、S) として使った**ということです。

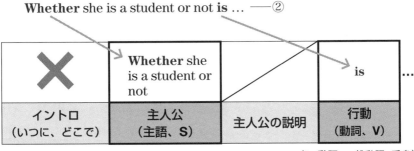

Whether she is a student or not **is** ... ——②

✕	**Whether** she is a student or not		is	...
イントロ (いつに、どこで)	主人公 (主語、S)	主人公の説明	行動 (動詞、V)	

(**be**動詞、一般動詞、受身)

訳 「彼女が学生**か否か は** = / ...」

例えば、「...学生か否かは、とても重要だ」などの文ですね。

また、基本的に Whether のカタマリの最後はほとんど **or not** で終わります。
(そうでないパターンは練習問題3 (p.250) を参照してください)

Whether　…　**or not**

● イントロ　☞「…であろうとなかろうと」
● 主人公　　☞「…か否かは」

ということですね。

（4）「疑問詞 ever」から始まる文は？

Whatever she said …

さてこの文は、イントロ始まり？　主人公（主語）始まり？

Whether と似ているのが **Whatever / Whenever / Wherever** などの
「"疑問詞 ever"始まり」の文です。（まあ、めったに出てこないですが）
一応、Whether とセットで考えるとわかりやすいと思います。

　これも必ずカタマリを作るのですが、Whatever の場合、そのカタマリは
「Whether 始まり」と同じく、**イントロのケースと主人公のケース、両方の可能
性**があって、それによって訳が違います。

　　イントロなら　☞ …が何であれ、
　　主人公なら　　☞ …は何でも、

のような訳になります。
ちょっと違いがわかりづらいですが、どう見抜くか？
もう皆さんわかりますね。**カンマ**です。

　　カンマがあれば　　☞ イントロ
　　　　　　なければ ☞ 主人公のカタマリ

と思っていいです。

　　Whatever she said**,** the people …　──①

　　Whatever she said is …　　　　　　──②

例えば①の文はカンマがあって、カンマの後に主人公らしき the people があるので、**イントロ**ということですね。

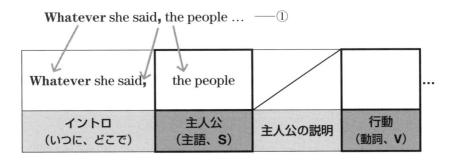

Whatever she said, the people …　──①

Whatever she said,	the people			…
イントロ （いつに、どこで）	主人公 （主語、**S**）	主人公の説明	行動 （動詞、**V**）	

前半の訳　「彼女が言ったことが**何であれ**、人々**は**...　　　　　　　　　」

例えば、次のような文ですね。

Whatever she said, the people trusted her.
「彼女が言ったことが何であれ、人々は彼女のことを信頼していた」

そして②は特にカンマがなく行動部分らしき is があるので、ここまで**主人公**ですね。

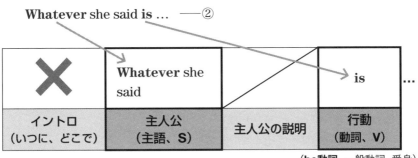

Whatever she said is …　──②

✕	Whatever she said		is	…
イントロ （いつに、どこで）	主人公 （主語、**S**）	主人公の説明	行動 （動詞、**V**）	

（**be**動詞、一般動詞、受身）

前半の訳　「彼女が言ったことは**何でも**、＝ / ...」

例えば、次のような文ですね。

Whatever she said is important.
「彼女が言ったことは何でも、重要だ」

Whenever / Wherever の場合は原則としてイントロでしか使いません。

● Whenever ...なら ☞ 「...がいつであれ、」（イントロ）
● Wherever ...なら ☞ 「...がどこであれ、」（イントロ）

ということですね。

まとめると次のようになります。

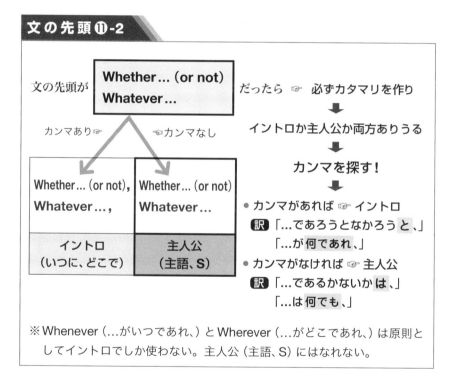

イントロか主人公か、両方の可能性があって、カンマで判断...と言えば、To V ...や Ving ...始まりと同じですね。基本的に同じ発想でいいです。

それでは練習してみましょう。

● 練習問題 ●

次のそれぞれの英文の前半部分（太字部分）を設計図に分類してみましょう。

▶ 練習 1　　　　　　　　　　　　　　　自己採点＝（　　　）点/10点

Whether you can be said to have resilience or not largely depends not on any particular psychological test but on the way your life unfolds.

（慶応大・理工）

イントロ （いつに、どこで）	主人公 （主語、S）	主人公の説明	行動 （動詞、V）

（be動詞、一般動詞、受身）

前半の訳　「　　　　　　　　　　　　　　　　　　　　　　　　　　」

語句　can be said to V ...「... V すると言われる可能性がある」　resilience「レジリエンス、折れない心」　largely「大部分」（☞ 副詞（動詞の説明）なので、「行動の箱」へ）　depend on「...次第である、...に左右される」　not A but B「A ではなく B」　particular psychological test「特定の心理テスト」　the way「方法、やり方」　unfold「開く、広げる、展開する」

ヒント　レジリエンス（Resilience）は近年話題となっている心理学用語。「折れない心」と訳される。打たれ強さ、回復力のような意味合い。怒られるとすぐに仕事をやめてしまう若者などから「仕事にはレジリエンスが必要」などと使われるようになった。企業はレジリエンスが強い人を採用しようと、レジリエンスのテストをするが...。

正解

Whether you can be said to have resilience or not largely depends not on any particular psychological test but on the way your life unfolds.

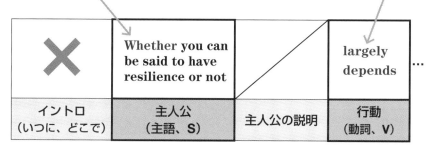

（be動詞、**一般動詞**、受身）

前半の訳　「あなたがレジリエンスを持っていると言われる可能性が**あるか ないか は**、大きく左右される / …」

「Whether 始まり」なので、カンマをさがすがなくて、行動部分らしき depends があるので、主人公のカタマリのようですね。

「…と言われるか否かは、左右される / …に」という感じ。

何に依存しているかというと「心理テストではなく、あなたの人生の生き方に」左右されるですね。つまり、レジリエンスがあるかどうかは、心理テストで計るのではなく、生き方そのものでわかるということ。

そしてこの largely は「**1語の副詞**」といって、**1語で行動の説明をしています。** なので、**depends とセットで「行動の箱」に入れてください。**「大部分依存している」と「依存している」にかかっていますね。

単語の意味は難しいものが多いですが、まず設計図に振り分けられることが重要です。

次の文は Whether … or not となっていませんが、ここまでと同じように割り振ってください。

▶**練習2**　　　　　　　　　　　　　　　　　　自己採点＝（　　）点/10点

Whether Wolfgang wanted to please his older sister or outperform her, her musical accomplishments may have driven him to work harder than perhaps he would have on his own.

（立命館大）

イントロ （いつに、どこで）	主人公 （主語、S）	主人公の説明	行動 （動詞、V）	...

（be動詞、一般動詞、受身）

前半の訳　「　　　　　　　　　　　　　　　　　　　　　　　　　　　　　」

語句　Wolfgang「ヴォルフガング・アマデウス・モーツァルト（人名）」 want to V「…することを望む」 please「喜ばせる」 outperform「上回る、勝つ、しのぐ」 musical accomplishments「音楽的才能、業績」 may（助動詞）「かもしれない」 driven「drive（駆り立てる）の過去分詞」（drive A to V …「AがVするように駆り立てる」） work harder「より一生懸命仕事する」 perhaps「おそらく」 on his own「自分一人で」

ヒント　Wolfgang とはモーツァルト（Wolfgang Amadeus Mozart）のこと。姉が才能豊かだったらしく、姉と一緒にいつも演奏していて、そのライバル心から彼の才能が開花したらしい。

正解

Whether Wolfgang wanted to please his older sister or outperform her, her musical accomplishments may have driven him to work harder than perhaps he would have on his own.

Whether Wolfgang wanted to please his older sister or outperform her,	her musical accomplishments	✕	may have driven	…
イントロ （いつに、どこで）	主人公 （主語、**S**）	主人公の説明	行動 （動詞、**V**）	

（be動詞、**一般動詞**、受身）

前半の訳　「ヴォルフガングが姉を喜ばせたいと思ったの**であれ**、姉を上回りたいと思ったの**であれ**、彼女（姉）の音楽的才能**は**、おそらく駆り立てた / …」

「Whether 始まり」なので、カンマをさがすとありますね。

そして、カンマの後に主人公らしき her musical accomplishments があるので、カンマまでイントロと考えていいですね。

この文のように、Whether … or not（…であろうとなかろうと）ではなく、Whether A or B（A であれ B であれ）となるパターンもたまにあります。

姉が才能豊かだったことが、駆り立てた…。何を駆り立てたかというと、彼が"ワークハード"（一生懸命練習）することを駆り立てたのですね。一人でするよりも、つまり、姉がいなかった場合よりも、ということ。

may の後、have driven と完了形のようなカタチをしていますが完了の意味ではなく、**過去のことを想像していますというサイン**です。（助動詞は想像の世界でしたね。p.93などでお話ししました）

助動詞の後ろは原形動詞なので、"時制"はこのように表しているのですね。

§12. 特殊 (5%)

　これはきちんと説明すれば恐ろしく時間がかかりますが、ほとんど出てこない、いわばどうでもいいところなので、ここではごく簡単に説明しておきます。

文の先頭 ⑫ 「特殊」な始まり方

What did you … …?

さてこの文は、イントロ始まり？　主人公 (主語) 始まり？

　文の先頭のサイン、最後は今までの説明に入らない特殊な始まり方のケースを見てみましょう。
　特殊とは「疑問文」「感嘆文」「倒置」の3つです。
　まあ、論文や英字新聞、ジャーナルなどではほとんど出てきません。
　だいたい5%程度でしょうか。
　それに、疑問文などはだいたいそれとわかりますよね。
　一応簡単に見ておくと…。

(1) 疑問文

Did you say that?
「あなたはそう言ったの？」

疑問文とはこのように最後に "?" マークがついた文ですね。
　このように **"?" マークが付いた文は、いつもの設計図ではなく、疑問文の語順に変更していますよというサイン**です。
　これは特に説明は要らないでしょう。
　疑問文は英語の習い始めからよく練習しているのでだいたい訳せるでしょう。

What did you say?
「あなたは何を言ったの？」

このような疑問詞を使うパターンもありますね。

(2) 感嘆文

What a beautiful girl she is!
「彼女はなんと美しい女性なのでしょう」

感嘆文とはこのように**最後に"！"マークが付いた文**ですね。

これはいい加減につけているわけではなく、いつもの設計図を、感嘆文の順番に変形していますよというサインなのです。

なので、末尾に"！"があるときは、そう思って読みます。

ただ、論文やジャーナルや新聞など、大人が読む普通の公的な文章で、感嘆文が出てくると思いますか？

「何と素晴らしい〜なのか！」なんてまず出てきませんね。

NHK ニュースやお堅い新聞をイメージしてみてください。

まずありえないですね。

まず出てきませんのであまり気にしないでください。

それに意味は何となくわかりますよね。

「何と...なのだろうか！」ととればいいので。

ここではこれくらいの説明にしておきます。

(3) 倒置

最後は倒置です。

これはなぜか学校で詳しく習うのですが、では、倒置の文を例文としてさがそうと思うとどれだけ大変か。

おそらく今日の英字新聞でさがそうと思っても、あれだけたくさんの文章があるのに、おそらく一つも出てこないと思います。せいぜい二日分ぐらいくまなく見て、ようやく一つ見つかるかどうかというくらい。

つまり、**皆さんが出会う確率はほとんどない**ですね。

皆さんが「倒置？」と思っている文は大半が「イントロ」です。

イントロの概念を知らないので、そう思ってしまうだけで、イントロがわかれば問題ないです。

Not until then did we hear the news.
「それまで私たちはそのニュースを聞いていなかった」（そのとき初めて聞いた）

倒置はこのように文末には "?" も "!" も何も付いていません。

なので、見分けが難しいかもしれないですが、要は**先頭が否定語**になっています。

後ろにあるはずの否定語を前にもってきて、強調しているのですね。

$$\text{\textbf{Not} until then} \qquad \text{\textbf{did we} hear the news.}$$

後ろにあるはずの否定語が前に   後ろは疑問文の語順

倒置はいくつかのパターンがあり、先頭が否定語でないパターンもありますが、いまは無視。これくらいの知識でいいと思います。

まとめると、

- 疑問文 ☞ 必ず文末に "?" マーク   ——4%ぐらい
- 感嘆文 ☞ 必ず文末に "!" マーク   ——0.1%ぐらい、ほぼゼロ
- 倒置 ☞ 先頭に No, Not などの否定語、など ——0.2%ぐらい

という感じですね。

*

以上、**PART 2「"文頭" 5から12まで」**はここまで。

ここからいよいよ前半の読み方のラスト

第3章「ここまでわかれば前半卒業！『主人公の説明』をマスターしよう！」

に移りたい思います。

（主人公の説明のうちの1つについてはすでにお話ししましたね (p.114)）

ついにここまで来ましたね！

ここまで
わかれば
前半卒業！

「主人公の説明」を
マスターしよう！

こんなときどうしますか？

1. 主人公 ofなど前置詞 ...
2. 主人公 ,（カンマ）...
3. 主人公 who...
4. 主人公 that...
5. 主人公 名詞...
6. 主人公 to V...
7. 主人公 Ving...
8. 主人公 Ved（by）...

※ 主人公 = 主語、S

§1. of など前置詞 ...（おさらい）

主人公の説明のサイン ❶ 　直後に「**of**など前置詞 ...」があるとき

「主人公の説明のサイン」とは？

主人公の説明のサイン、覚えていますか？（p.114）

The ... of ...

典型はこの The ... of ...パターンでしたね。

The man of ...
The woman of ...
The school of ...

こうなっていたら of から主人公の説明が入る、と言いましたね。

The love **of** a mother is forever.

The love 　〈 **of** a mother 〉　 is 　forever.
　主人公　　**主人公の説明**　　行動

of だけでなく、in, at, for などの前置詞が来ていたら、ここから主人公の説明が入って、その後に行動 (動詞、V) 部分が出てくるのでしたね。
これが「**主人公の説明のサイン①**」でした。

主人公の説明のサインは、前置詞以外のパターンもあります。
合計8パターンあるので、残りの7パターンのときも、主人公の説明と見抜けて訳せるようになれば、英文の前半について教わることはもうないですね。
めでたく前半卒業となります。では残りの7パターンとは何でしょうか？

●「主人公（主語、S）の説明」のサインは8つ ●

頻出！ 大半がこれ（☞ すでに解説済み）

主人公 （主語、S）	主人公の説明	行動 （動詞、V）
○○	① **of** など前置詞 ... ② **,（カンマ）** ③ **who** ... ④ **that** ... ⑤ **名詞** ... ⑥ **to V** ... ⑦ **Ving** ... ⑧ **Ved（by）** ...	●●
その... は	（どの？）〜の...	...した

※主人公の直後にこの8つのサインが出てきたら必ず主人公の説明付き

それではさっそくいきましょう。

まずは主人公の後に、「**,（カンマ）**」があるケースから。これは簡単。

§2. 「,」(カンマ) ...

主人公の説明のサイン ② ▶ 直後に「,(カンマ) ... 」があるとき

(1) 主人公の直後に「,(カンマ)」があるときの読み方は？

The man**,** the President ...

さて主人公（主語）の後ろは、主人公の説明？　行動部分？

まずはこのように、主人公の直後に「,(カンマ)」があるケースを考えてみましょう。これもけっこうよくあるパターンですよ。

The man**,** the President ...

なぜかカンマが...

今まで見てきたように、カンマはかなり重要なサインでしたね。
学校ではその重要さについてほとんど教えてくれないのですが...。

こういうケースもテキトーに考えている人が多いですね。
これは実は「ここから "主人公の説明" を付けたぞ」という「主人公の説明のサイン」なのです。なので、カンマから主人公の説明が入ります。
そして、そのカンマから次のカンマの後に行動部分（動詞、**V**）が出てきます。

知っていましたか？

(2) 次のカンマの後に...

実際にはこんな文でした。

The man, the President of the U.S., came to Japan.

「その男は」と言っておいて、どんな男なのか、**カンマとカンマの間で説明**しているのですね。

カンマの後に the president of the U.S.（アメリカの大統領）とあります。それが「その男」ですね。

前半を設計図に分類するとどうなるかわかりますか？

The man, the President of the U.S., came to Japan.

				…
イントロ （いつに、どこで）	主人公 （主語、S）	主人公の説明	行動 （動詞、V）	

（be動詞、一般動詞、受身）

前半の訳 「   」

正解はこうですね。

The man, the President of U.S., came to Japan.

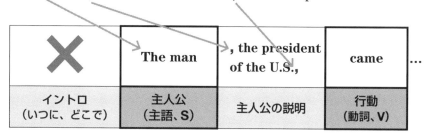

（be動詞、**一般動詞**、受身）

「カンマから次のカンマまで」を、主人公の説明の箱に入れます。
そして「次のカンマ」の直後に、行動部分（動詞, V）が出てきます。

直　訳　「その男は、アメリカの大統領だが、来ました、日本に」
　　⇩
完成訳　「アメリカの大統領の［である］男**は**、日本に来ました」

まとめると次のようになります。

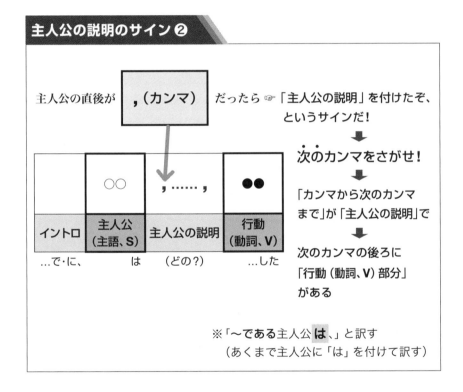

主人公の説明のサイン❷

主人公の直後が　**,（カンマ）**　だったら ☞「主人公の説明」を付けたぞ、
　　　　　　　　　　　　　　　　　　　　　　　というサインだ！

イントロ	主人公 （主語、S）	主人公の説明	行動 （動詞、V）
	○○	, ……… ,	●●
…で・に、	は	（どの？）	…した

→ **次のカンマをさがせ！**

→ 「カンマから次のカンマ
まで」が「主人公の説明」で

→ 次のカンマの後ろに
「行動（動詞、V）部分」
がある

※「〜である主人公**は**、」と訳す
（あくまで主人公に「は」を付けて訳す）

これは簡単ですね。
それでは練習してみましょう。

● 練習問題 ●

次のそれぞれの英文の前半部分（太字部分）を設計図に分類してみましょう。

▶ 練習1   自己採点＝（　　　）点/10点

Dan Quayle, former Vice President of the United States of America, made a spelling mistake that was to haunt his political career.

(慶応大・文)

イントロ (いつに、どこで)	主人公 (主語、**S**)	主人公の説明	行動 (動詞、**V**)

(be動詞、一般動詞、受身)

前半の訳　「　　　　　　　　　　　　　　　　　　　　　　　　　　　」

語句　Dan Quayle「ダン・クエール（人名）」　former Vice President「元副大統領」　make a spelling mistake「スペルのミスをする」(make a mistake ＝ミスをする)　be to V「...することになる」　haunt「絶えずつきまとう、脳裏を去らない」　political career「政治生命、政治的キャリア」

261

【正解】

Dan Quayle, former Vice President of the United States of America, made a spelling mistake that was to haunt his political career.

✕	Dan Quayle	, former Vice President of the United States of Americae,	made	...
イントロ （いつに、どこで）	主人公 （主語、S）	主人公の説明	行動 （動詞、V）	

（be動詞、**一般動詞**、受身）

【前半の訳】 「アメリカ合衆国の元副大統領のダン・クエール**は**、作った...」

　先頭の Dan Quayle は特に前置詞など付いてないので主人公（主語、S）かなと考えていいですね。そして主人公の後ろにカンマが。ここから説明が入ったというサインです。ならば次のカンマの後が行動部分だなと思ってさがすと、カンマがあって、その後に行動部分らしき made がありますね。カンマとカンマの間を主人公の説明の箱に入れます。これが主人公 Dan Quayle さんの説明をしているのですね。

　make は前半（だけ）の訳としては「作る」とするしかありませんが、要は「スペルミスを犯した」というわけ。どんなミスかというと、「彼の政治的キャリアに絶えずつきまとうことになる」スペルミスなのです。つまり、スペルミスをした副大統領として常に記憶されることになってしまったということですね。

　次の文では、カンマとカンマの間に主人公の説明以外と思われるものが入っていますが...。

■ レベル2：主人公の説明＋付随情報

Elon Musk, the chief executive of Tesla in a conference call with reporters last week, asserted that the so-called Autopilot feature in the latest Tesla model introduced last fall was probably better than a person right now.

(立教大・法)

イントロ (いつに、どこで)	主人公 (主語、S)	主人公の説明	行動 (動詞、V)	...

(be動詞、一般動詞、受身)

前半の訳　「　　　　　　　　　　　　　　　　　　　　　　　　　　」

語句　Elon Musk「イーロン・マスク (人名)」 Tesla「テスラ社 (アメリカの自動車会社)」 conference call「電話会議、電話会談」 reporter「記者、報道者」 assert「主張する、断言する」 so-called「いわゆる」 Autopilot feature「オートパイロット機能 (運転支援機能)」 latest「最新の」 Tesla model「テスラ社のモデル」 introduce「導入する」 probably「おそらく」 better than a person「人よりまし」 right now「今現在、現時点で」

ヒント　「カンマとカンマの間」に、たまに主人公の説明だけでなく、「いつ、どこで (時や場所の説明)」など「文全体の説明 (付随情報)」を入れることもある。通常は主人公の説明のみ。

正解

Elon Musk, the chief executive of Tesla in a conference call with reporters last week, asserted that the so-called Autopilot feature in the latest Tesla model introduced last fall was probably better than a person right now.

✕	**Elon Musk**	**, the chief executive of Tesla in a conference call with reporters last week,**	**asserted**	…
イントロ （いつに、どこで）	主人公 （主語、S）	主人公の説明	行動 （動詞、V）	

（be動詞、**一般動詞**、受身）

前半の訳　「先週の記者たちとの電話会議でテスラ社の CEO **である**イーロンマスク**は**、主張した…」

　主人公らしき Elon Musk の後にカンマがあります。ということは、**次のカンマの後が動詞だなと思うとやはり asserted があります**ね。なので、**このカンマとカンマの間が主人公の説明とわかります**。

　Elon Musk の説明をしているのですが、「先週の電話会議で」と「時の説明」まで入っています。このように、「いつ、どこで（時や場所の説明）」といった「付随情報」までこのカンマとカンマの間に入れてしまうケースもあるのです。（あまりないのですが…）

In the 1990s, Stephanie Coontz, an American social historian, noticed an increased number of questions from reporters and audiences asking her if the institution of marriage was falling apart.

（早稲田大・法）

			...
イントロ （いつに、どこで）	主人公 （主語、S）	主人公の説明	行動 （動詞、V）

（be動詞、一般動詞、受身）

前半の訳　「　　　　　　　　　　　　　　　　　　　　」

語句　1990s「1990年代」　Stephanie Coontz「ステファニー・クーンツ（人名）」　social historian「社会歴史学者、社会歴史家」　notice「気づく、気がつく」　an increased number of questions「増大する質問」　reporters and audiences「記者や聴衆」　ask ... if 〜「...に〜かどうかたずねる、質問する」　institution of marriage「結婚という制度」　fall apart「バラバラに壊れる、崩壊する、ダメになる」（直訳は「離れて落ちる」）

※ちょっと応用編ですが...。

265

(正解)

In the 1990s, Stephanie Coontz, an American social historian, noticed an increased number of questions from reporters and audiences asking her if the institution of marriage was falling apart.

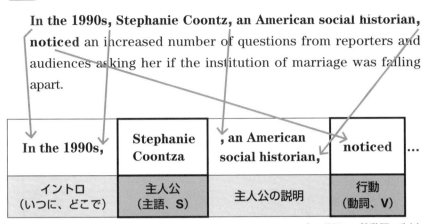

In the 1990s,	**Stephanie Coontza**	**, an American social historian,**	**noticed** ...
イントロ (いつに、どこで)	主人公 (主語、**S**)	主人公の説明	行動 (動詞、**V**)

(be動詞、**一般動詞**、受身)

(前半の訳) 「1990年代**に**、アメリカの社会歴史学者**である**ステファニー・クーンツ**は**、気づいた…」

いろんなカンマが出てきていますが、もう皆さんならわかるはず。

まず先頭が In ...なので、「イントロ始まり」ですね。カンマまでがイントロ、カンマの後が主人公です。覚えていますか？ そして主人公の後にまたカンマが。これは「**主人公の説明のサイン**」ですね。次のカンマまで「主人公の説明」の箱に入れ、その後の noticed を行動の箱に入れたらおしまい。

何に気づいた (noticed) かというと「結婚制度は崩壊したのではないかという質問が急増していることに」気づいたのですね。

＊

カンマがあるケース、どうでしたか？ カンマとカンマの間も基本的に名詞ですよね。主人公も名詞。つまり、**名詞が名詞を**説明しているのですが、わかりにくいので**カンマを付けて説明とわかるように区分けしている**わけです。

＊

さて、続いてここから3つは、「**文」で主人公を説明するパターン**が続きます。これも頻出ですよ。知らないと絶対読めない。

これらの3つがどう違うのか、比較しながら考える［覚える］といいと思います。それがコツですね。

それではまずは **who** から行きましょう。

§3. who ...

主人公の説明のサイン ❸ 直後に「who ...」があるとき

(1) 主人公の直後に「who ...」があるときの読み方は？

The man **who** ...

さて主人公（主語）の後ろは、主人公の説明？　行動部分？

今度はこのように who があるケースを考えてみましょう。

who?　who は「誰」でしょ？　それくらい知ってるよ。バカにするな。

そう思っている人も多いと思いますが、who を「誰？」と訳すことは普通の論文やジャーナルではまずないでしょう。
このように **主人公の後に who があれば、100%** 間違いなく

「ここから主人公の説明文を付けたぞ」というサイン

です。知っていましたか？
今までと違うのは **説明が"文のカタチ"になっている** ということ。

実際にはこんな文でした。

The man who started the company is Tom.

これはまず「その男は」と言っておいて、who からその男の説明文が付いているのですね。

The man ⟨ **who started the company** ⟩ **is** Tom.
　主人公　　　　　　　主人公の説明　　　　　　行動
　　S　　　　　　　　　　　　　　　　　　　V

そして、

> 主人公の説明の中も文になっていて、
> **who**はその中で主人公（主語、S）になっている

ことがわかるでしょうか？
いわゆる**主人公′**（ダッシュ）ですね。

The man 〈	who	started	the campany 〉	is Tom
主人公	主人公′	行動′	対象′	行動
S	S′	V′	O′	V

この who は前の名詞（The man）のことです。The man の代名詞ですね。
つまり、he と思ってください。
こういった who のことを「関係代名詞」ということは知っていると思います。
前の名詞と関係づけて（説明して）いるけれど代名詞なので、「関係代名詞」
というのですね。
説明文の中だけで使う「**説明文専用の代名詞**」という意味です。
つまり、説明文の中身は「その男はその会社を始めた（作った）」と言っているのですね。

前半を設計図に分類するとどうなるかわかりますか？

The man who started the company is Tom.

イントロ （いつに、どこで）	主人公 （主語、S）	主人公の説明	行動 （動詞、V）	...

（be動詞、一般動詞、受身）

前半の訳 「　　　　　　　　　　　　　　　　　　　　　　　」

正解はこうですね。

The man who started the company is Tom.

✕	**The man**	**who started the company**	**is**	...
イントロ (いつに、どこで)	主人公 (主語、S)	主人公の説明	行動 (動詞、V)	

(**be**動詞、一般動詞、受身)

前半の訳 「その会社を始めた男**は**、＝   」

つまり、

主人公の直後に**who**があれば

☞ **who**から主人公の長い説明文が入り

☞ 説明文が終わった後に、行動部分 (動詞、**V**) が出てくる

ということですね。

なので、「**...の主人公は、**」などと訳します。

あくまで主人公に「は」を付けて訳してください。

(2) どんな人？

主人公が、つまり、説明したい名詞が「人」の場合に、この who という代名詞を使って説明文を作ります。

つまり、「**どんな人**」なのかの説明に使うのですね。

なおかつ、その人が**説明文の中で主人公 (主語、S) になる場合**ですね。

例えば次はどんな人かわかりますか？　分類してみましょう。

The woman who wrote *Harry Potter* is J. K. Rowling.

				...
イントロ (いつに、どこで)	主人公 (主語、S)	主人公の説明	行動 (動詞、V)	

(be動詞、一般動詞、受身)

前半の訳 「　　　　　　　　　　　　　　　　　　　　　　」

正解はこうですね。

The woman who wrote *Harry Potter* is J. K. Rowling.

✕	**The woman**	who wrote *Harry Potter*	is	...
イントロ (いつに、どこで)	主人公 (主語、S)	主人公の説明	行動 (動詞、V)	

(be動詞、一般動詞、受身)

前半の訳 「ハリー・ポッターを書いた女性は、＝...」

(3) V′ に注意

主人公の説明が1つの文になっている、ということは、
ここにも行動 (動詞、V) 部分がありますので、気をつけてください。
これはあくまで「説明文の中の行動」(いわゆる行動′(ダッシュ)) です。
この文の「本当の行動部分 (動詞、V)」は、その後に出てきます。
この点を注意してください。

まとめると次のようになりますね。

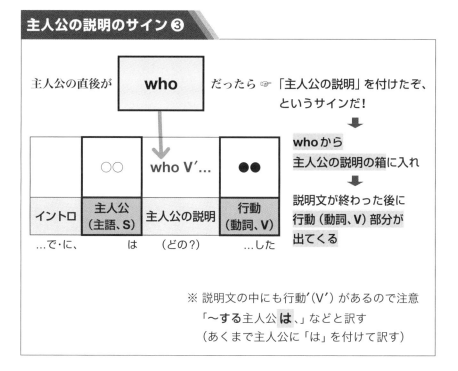

主人公の説明のサイン ❸

主人公の直後が **who** だったら ☞ 「主人公の説明」を付けたぞ、
というサインだ!

⬇

who から
主人公の説明の箱に入れ

⬇

説明文が終わった後に
行動 (動詞、V) 部分が
出てくる

	○○	who V′...	●●
イントロ	主人公 (主語、S)	主人公の説明	行動 (動詞、V)
...で・に、	は	(どの?)	...した

※ 説明文の中にも行動′(V′) があるので注意
「〜**する**主人公 **は**、」などと訳す
(あくまで主人公に「は」を付けて訳す)

主人公が人のときは who と言いましたが、**人以外のときは?**
これは which か次項の that を使うのですが、実際には **that** を使うことが多く、
which はあまり使わないので、今は気にしなくていいと思います。

それでは練習してみましょう。

● 練習問題 ●

次のそれぞれの英文の前半部分（太字部分）を設計図に分類してみましょう。
（練習4は全文）

▶練習1　　　　　　　　　　　　　　　自己採点＝（　　）点/10点

People who cannot spell properly are considered to be ignorant
and slovenly.　　　　　　　　　　　　　　　（立教大・法・一部改）

イントロ （いつに、どこで）	主人公 （主語、S）	主人公の説明	行動 （動詞、V）

（be動詞、一般動詞、受身）

前半の訳　「　　　　　　　　　　　　　　　　　　　　　　」

語句　spell「（英単語を）つづる、スペルする」　properly「正しく、適切に」
be considered to V「…するとみなされる」　ignorant「無知な」
slovenly「だらしない」

テーマ　スペルミスの話。日本語で言えば漢字の書きミスだが英語でも誤字
脱字をすると信用を失う。

※どんな人たちでしょうか？

（正解）

People who cannot spell properly are considered to be ignorant and slovenly.

	People	who cannot spell properly	are considered ...
イントロ（いつに、どこで）	主人公（主語、**S**）	主人公の説明	行動（動詞、**V**）

（be動詞、一般動詞、**受身**）

（前半の訳）「正しくスペルできない人々**は**、みなされる／（以下のように）…」

どんな人たちかというと「正しくスペルできない」人たちですね。
who から説明で、are considered という行動部分が見えましたか？
「そんな人たちは、みなされる、無知でだらしないと」という文。正しくスペルできないとそうみなされるのですね。

▶練習2　　　　　　　　　　　　　　自己採点＝（　）点/10点

Those who did not own property such as women were not allowed to vote, and were denied basic human rights and liberties.

（専修大・一部改）

			...
イントロ（いつに、どこで）	主人公（主語、**S**）	主人公の説明	行動（動詞、**V**）

（be動詞、一般動詞、受身）

（前半の訳）「　　　　　　　　　　　　　　　　　　　」

語句 own「所有する」 property「財産」 such as「…など」 be allowed to V「…することを許される」（※このパターンについてはp.370で扱います） vote「投票する」 be denied A「Aを拒まれる」（※このパターンについてはp.357で扱います） basic human rights「基本的人権」 liberties「liberty（自由）の複数形」

テーマ 女性の歴史

※ Those who …は定番表現で、よく出てきます。分類はわかると思いますが、どんな意味でしょう？

正解

Those who did not own property such as women were not allowed to vote, and were denied basic human rights and liberties.

✕	**Those**	who did not own property such as women	were not allowed	…
イントロ（いつに、どこで）	主人公（主語、S）	主人公の説明	行動（動詞、V）	

（be動詞、一般動詞、**受身**）

前半の訳 「女性など財産を持っていない人たちは、許されなかった／（以下のことを）…」

those は「それら」と覚えているかもしれませんが、those who のときは「…な人たち」という意味です。練習1にあった people who と同じ意味です。ですから、Those が主人公で who から説明の箱に入れます。その後、前半最後に行動部分の were not allowed が見えたはず。

「…な人たちは許されなかった、以下の行為を…」という文。どんな人たちかというと「財産を持っていない」人たちですね。当時の女性はそうだったようです。

この文は p.374 であらためて取り上げ、後半部分について解説します。

▶練習3 自己採点＝（　　）点/10点

The bilingual scientist who can write all this up in English has a competitive advantage. （早稲田大・教育・一部改）

				…
イントロ （いつに、どこで）	主人公 （主語、S）	主人公の説明	行動 （動詞、V）	

（be動詞、一般動詞、受身）

【前半の訳】　「　　　　　　　　　　　　　　　　　　　　　　　　　　　　　」

【語句】　bilingual「バイリンガルの、二か国語をあやつる」　scientist「科学者」 write up「書き上げる、まとめる」　in English「英語で」　competitive advantage「競争的な利点、競争に勝てる有利な点」

【テーマ】　write all this up は、英語のネイティブでない人が「英語で聞いたり話したりしたこと (this) を、すべて英語でまとめることもできる」、つまり「聞く、話すだけでなく、書くこともできる」という意味のよう。

※どんな人でしょう？

〔正 解〕

The bilingual scientist who can write all this up in English has a competitive advantage.

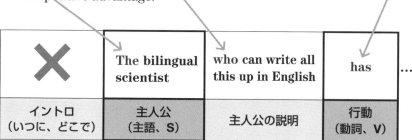

✖	The bilingual scientist	who can write all this up in English	has	…
イントロ （いつに、どこで）	主人公 （主語、S）	主人公の説明	行動 （動詞、V）	

（be動詞、**一般動詞**、受身）

前半の訳 「このすべてを英語で書き上げることができるバイリンガルの科
学者<u>は</u>、持っている...」

どんな人かというと、「英語で（しゃべれるだけでなく）書くこともできる」
科学者ですね。英語で論文を書けるという意味でしょうか。
「そんな人は持っている、何をかというと『競争の上での有利さ（アドバンテ
ージ』を持っている」というわけですね。他の科学者よりも有利というわけ。
who 以下が説明で、その後、前半最後に行動部分の has が出てきていること
がわかりましたか。

▶**練習4**　　　　　　　　　　　　　　　　　　自己採点＝（　　　）点/10点

There are countless nonprofit organizations and volunteers who
are willing to run TNR campaigns.

（岡山大・一部改）

（　　　　）, **There** イントロ		
行動 （be動詞）	**主人公 が** （主語、S）	**主人公の説明** （または文全体の説明）

訳 「　　　　　　　　　　　　　　　　　　　　　　　　　　　　　　　　」

語句 countless「無数の、数えきれないほど多くの」 nonprofit organization
「NPO 団体＝非営利組織」 volunteers「ボランティア」 be willing
to V「...するのをいとわない」 run「経営する、運営する」

テーマ TNR とは trap, neuter, return の略。野良猫を捕獲（トラップ）して
不妊治療（ニューター）を施し、元の場所に戻して（リターン）、野良
猫がいなくなるようにするための活動。不妊治療を行った猫の耳を V
の字にカットして処置済みを示す印としますが、その耳が桜の花びら
みたいに見えることから「サクラネコ」とも呼ばれています。そうす
ることによって二重捕獲や二重手術することを防ぐことできるのです。

賛否両論あるようですね。

※ There ～ who ...「...な人がいる」も定番表現です。
わかるかな？　どんな人たちがいるのでしょう？

(正解)

There are **countless nonprofit organizations and volunteers who**
are willing to run TNR campaigns.

(　　　), There イントロ	are	countless nonprofit organizations and volunteers	who are willing to run TNR campaigns
	行動 (be動詞)	主人公 が （主語、S）	主人公の説明 （または文全体の説明）

訳　「TNR キャンペーンをしたいと望んでいる無数の NPO やボランティア が いる」

「There 始まりの文」は覚えていますか？　これも「...の主人公 が いる / ある」
と、主人公の後ろに説明が付くのが一般的でしたね。つまり、その主人公の説
明に who もよく使われます。「...な人 が いる」と言いたいとき使うわけです。
　この文ではどんな人がいるのかというと、「TNR キャンペーンを運営するこ
とを望んでいる」団体やボランティアの人たちですね。who 以下を説明の箱に
入れられたでしょうか。

＊

「主人公の直後に who ...」のパターン、いかがでしたか？
今までなんとなくテキトーに訳していませんでしたか？
これがわかるようになると、次の **that** もわかるようになると思います。
頻出度という意味で、この that はとても重要ですよ。
さっそく行きましょう。

§4. that ...　重要！

主人公の説明のサイン ④　直後に「 that... 」があるとき

(1) 主人公の直後に「 that ... 」があるときの読み方は？

One food **that**　...

さて主人公（主語）の後ろは、主人公の説明？　行動部分？

今度は主人公の直後に that があるケースを考えてみましょう。

that?　そんなの「あれ」に決まっている。中学生でも知っている。
バカにするな！

そう思うかもしれませんが、論文や英字新聞など大学生やビジネスマンが普通に読む文章で、「**that ＝あれ**」と訳すケースなんてまずないですよ。

このように主人公の直後に that なら、ほぼ**100%** 間違いなく

　　「ここから主人公の説明文を付けましたよ」というサイン

なのです。知っていましたか？
　つまり、that からの主人公の長い説明文の後に、行動部分（動詞、V）が出てくるのですね。
　つまり、**先ほどの who と同じように考えてください。**
　実際にはこんな文でした。

　　One food that is very famous in Japan is "sushi."　　──①

どこから主人公の説明で、どこまでが主人公の説明か、わかりますか？

正解はこうですね。

One food 〈 **that is very famous in Japan** 〉 **is** "sushi."
　主人公　　　　　　　　主人公の説明　　　　　行動
　　S　　　　　　　　　　　　　　　　　　　　V

そして**主人公の説明の中で、that は主人公（主語、S）の役割をしています**ね。
これも who …同様、いわゆる**主人公′**（ダッシュ）です。

One food 〈 **that** **is** **very famous in Japan** 〉 **is** "sushi."
　主人公　　主人公′ 行動′　状態′　　　　　　　行動
　　S　　　　S′　V′　　C′　　　　　　　　　V

この that も代名詞で、One food のことなのです。
つまり、**it** ですね。
ただの代名詞ではなく、**前の名詞（主人公）との関係を作る代名詞**なので、
関係代名詞といいます。
特殊な代名詞ですね。前項でお話しした who と同じです。
代名詞として、主人公の説明文の中でも主語などの役割をしているのです。

前半部分を設計図に割り振って、訳をしてみてください。

One food that is very famous in Japan is "sushi."

イントロ （いつに、どこで）	主人公 （主語、S）	主人公の説明	行動 （動詞、V）

（be動詞、一般動詞、受身）

前半の訳　「　　　　　　　　　　　　　　　　　　　　　　」

語句　famous「有名な」

正解はこうですね。

One food that is very famous in Japan is "sushi."

×	One food	that is very famous in Japan	is	...
イントロ (いつに、どこで)	主人公 (主語、S)	主人公の説明	行動 (動詞、V)	

（**be**動詞、一般動詞、受身）

前半の訳 「日本でとても有名な食べ物**は**、＝…」

(2) どんな「モノ」？

ここまでは先ほどの who と全く同じですが、who と違うのは、
主人公 (つまり、説明したい名詞) が「モノ」でもいいということですね。
who は「人」のときしか使えませんが、that は「人」でも「モノ」でも使える
のです。

- **who** ☞ 主人公が「人」のときのみ
- **that** ☞ 主人公が「人」でも「モノ」でも使える

これが大きな違いですね。また、説明文の中で主人公 (主語、S) でなくても、
対象 (目的語、O) などその他の役割のときも使えます。
さらに、次にお話ししますが「…という」という「同格の that」という使い方
もできるのです。
要はいろんな使い方ができて便利なので、よく出てくるということですね。
今はとりあえず、who とほぼ同じだが、

　　人のときがwho、モノのときがthat

ぐらいに思っておけばいいと思います。

もっと言えば、人なのかモノなのか微妙なときでも（例えば動物など）、that は使えるので便利なのですね。

who との違いはもう一つあります。次の文で that の役割は？

The country that we loved most is America. ──②

この文は that が主人公の説明文の中で loved という動詞の対象（目的語、O）の役割をしていることがわかるでしょうか？

主人公の説明文
The country 〈 **that** **we** **loved** **most** 〉 **is** America.
主人公　　　　　対象′　主人公′　行動′　　　　　　行動
S　　　　　　　O′　　S′　　V′　　　　　　　V

主人公の説明の中で、基本的に主人公（主語、S）にしかなれない who に対し、このように対象（目的語、O）にもなれるのも that の特徴ですね。

「私たちが最も好きな国は、...」

と言っているのですね。
どこにも訳に「あれ」という言葉が出てきていないことに注意してください。
that は the country のことですね。

(3) 同格の that

次の文は、**that が説明文（下線部）の中で何の役割もしていない**ことがわかるでしょうか？

The idea **that** Mars is bigger than Venus is not true. ──③

*Mars「火星」　Venus「金星」

that は完成した文（Mars is bigger than Venus）の外にいますね。
これは実は「**同格の that**」と呼ばれるもので、「**...という○○**」と訳すタイプです。

281

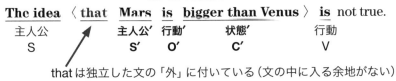

主人公の説明文

The idea 〈 that Mars is bigger than Venus 〉 is not true.

主人公　　　　　　　主人公'　行動'　　　状態'　　　　　行動
　S　　　　　　　　　 S'　　O'　　　　C'　　　　　V

thatは独立した文の「外」に付いている（文の中に入る余地がない）

なので、訳はこうなります。

「火星が金星より大きい**という**考え**は**、間違っている」

前に「**同格の of**」の話をしました（p.210）が、覚えていますか？
あれと同じですね。
　まあ、idea とか fact（…という事実）など、主人公は限られるのでだいたいわかると思います。
　基本はもちろん関係代名詞の that ですよ。
　ごくごくたまに、この同格の that もあるという感じ。

　いろいろ言いましたが、要は **that から主人公の長い説明文が続き、説明文が終わった後に行動（動詞、V）部分がある**ことには変わりがないので、それがわかることが重要です。
　説明文の中にも動詞（行動'）があるので、それと、その後の行動（動詞、V）部分を間違わないようにしてください。

　まとめると次のようになります。

主人公の説明のサイン ❹

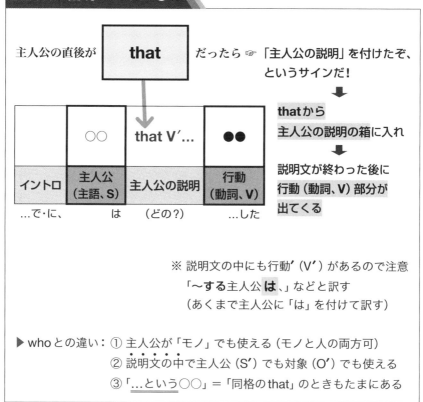

主人公の直後が **that** だったら ☞ 「主人公の説明」を付けたぞ、というサインだ!

⬇

thatから
主人公の説明の箱に入れ

⬇

説明文が終わった後に
行動 (動詞、V) 部分が
出てくる

イントロ	主人公 (主語、S)	主人公の説明	行動 (動詞、V)
○○	that V′...	●●	
...で・に、	は	(どの?)	...した

※ 説明文の中にも行動′(V′) があるので注意
　「〜する主人公 **は**、」などと訳す
　（あくまで主人公に「は」を付けて訳す）

▶ whoとの違い： ① 主人公が「モノ」でも使える（モノと人の両方可）
　　　　　　　　② 説明文の中で主人公 (S′) でも対象 (O′) でも使える
　　　　　　　　③「...という○○」=「同格のthat」のときもたまにある

それでは練習してみましょう。

● 練習問題 ●

次のそれぞれの英文の前半部分（太字部分）を設計図に分類してみましょう。

▶練習1 　　　　　　　　　　　　　　　　　自己採点＝（　　　）点/10点

Computers that are connected to the Internet allow us to gather
information quickly about almost anything. 　　　　（早稲田大・教育）

イントロ （いつに、どこで）	主人公 （主語、S）	主人公の説明	行動 （動詞、V）	…

（be動詞、一般動詞、受身）

前半の訳 「　　　　　　　　　　　　　　　　　　　　　　　　　　」

語句 connect「つなぐ、接続する」 the Internet「インターネット」 allow
A to V「AがVすることを許す、可能にする」 gather「集める」
quickly「すぐに、すばやく」 almost anything「ほとんど何でも」

※どんなコンピューターでしょう？

〔正解〕

Computers that are connected to the Internet allow us to
gather information quickly about almost anything.

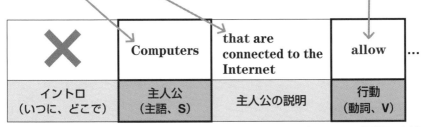

✕	**Computers**	**that are connected to the Internet**	**allow**	…
イントロ （いつに、どこで）	主人公 （主語、S）	主人公の説明	行動 （動詞、V）	

（be動詞、**一般動詞**、受身）

前半の訳 「インターネットにつながっているコンピューターは、可能にする /（以下のことを）...」

主人公らしき Computers の後に that が。ならば、主人公の説明のサイン。

前半最後に allow が見えて、これが行動部分らしいので、その前までを説明の箱に入れます。「インターネットにつなげられた」つまり「インターネットにつながった」コンピューターです。

「それは可能にする、何を？」というと「私たちがほぼすべての情報を瞬時に集めることを」可能にするのですね。

▶練習2　　　　　　　　　　　　　　　　自己採点＝（　　）点/10点

Stray cats that lived in parks were captured and culled by city officials who received complaints from local residents.

（岡山大・一部改）

イントロ （いつに、どこで）	主人公 （主語、S）	主人公の説明	行動 （動詞、V）	...

（be動詞、一般動詞、受身）

前半の訳 「　　　　　　　　　　　　　　　　　　　　　　　　」

語句 stray cats「野良猫」 capture「捕獲する、捕まえる」 cull「間引きする、摘み取る」 city official「市役所職員」 receive「受け取る」 complaints「苦情、不満」 local residents「地域住民」

テーマ 野良猫への対処法。以前はそうだったという話。

※どんな猫でしょう？

(正解)

Stray cats that lived in parks were captured and culled by city officials who received complaints from local residents.

✕	Stray cats	that lived in parks	were captured and culled	...
イントロ (いつに、どこで)	主人公 (主語、S)	主人公の説明	行動 (動詞、V)	

(be動詞、一般動詞、**受身**)

(前半の訳) 「<u>公園に住む野良猫**は**</u>、捕獲され間引きされた...」

主人公らしき Stray cats の後に that が。ならば、主人公の説明が続きます。

どこまでかと思うと were ...という行動部分 (受身) が見えるので、その前までを説明の箱に入れます。and は captured と culled を結んでいます。

どんな野良猫かというと「公園に住んでいた」野良猫ですね。当時は、「捕獲され、間引き手術をされた」ということ。誰に (よって) か?というと by city officials who received complaints from local residents (地域住民から苦情を受けた市役所職員に) です。今は違うということですね。

▶練習3　　　　　　　　　　　　　　　　　自己採点＝(　　　)点/10点

Other features that are typical of duetting birds are that females also sing and that there are permanent pair-bonds. 　(青山学院大・教育)

				...
イントロ (いつに、どこで)	主人公 (主語、S)	主人公の説明	行動 (動詞、V)	

(be動詞、一般動詞、受身)

前半の訳　「　　　　　　　　　　　　　　　　　　　　　　　　　　」

語句　features「特徴」　be typical of「...に特有・典型的である」　duetting birds「デュエットしている鳥たち、恋人同士（夫婦）で鳴いている鳥たち」　females「メス」　permanent「永遠の」　pair-bonds「つがいの絆」

テーマ　野生の鳥の鳴き声に関する研究結果。つがいで鳴いている鳥の研究。

正解

Other features that are typical of duetting birds are that females also sing and that there are permanent pair-bonds.

✕	Other features	that are typical of duetting birds	are	...
イントロ（いつに、どこで）	主人公（主語、S）	主人公の説明	行動（動詞、V）	

（**be**動詞、一般動詞、受身）

前半の訳　「恋人同士で鳴いている鳥たちに特有のその他の特徴**は**、＝...」

主人公らしき Other features の後に that が。ならば、説明ですね。
どこまでかと思うと前半最後に are があるので、ここまでが主人公の説明ですね。
どんな特徴かというと、「デュエットしている恋人同士の鳥たちに特有の」その他の特徴です。今までいろんな特徴をあげていたのでしょう。どんな特徴かというと、メスも鳴くことと（通常鳴くのはオスらしい）、永遠の絆で結ばれていることだそうです。

▶練習 4   自己採点＝（   ）点/10 点

**The idea that the humble chicken could become a savior of
wildlife will seem** improbable to many environmentalists.

(早稲田大・教育)

イントロ (いつに、どこで)	主人公 (主語、S)	主人公の説明	行動 (動詞、V)	...

(be動詞、一般動詞、受身)

前半の訳 「   」

語句 idea「考え」 humble「地味な、謙虚な」 could become「…になり
うる」(could は可能性を表す助動詞) a savior of wildlife「野生生物
の救世主」 seem「(…に) 見える」 improbable「起こりそうもない、
ありそうもない」 environmentalists「環境学者、環境専門家」

〈 become と seem について 〉
● become は be動詞の仲間   ☞ be動詞系：S become C「S は
                              C になる (S ＝ C になる)」
● seem も同じく be動詞の仲間 ☞ be動詞系：S seem C「S は C
                              に見える (S ＝ C に見える)」
どちらも、＝ (イコール) に少しニュアンスを付け足した感じ。
S ＝ C という関係性は変わっていない。 (詳細は p.354 を参照)

テーマ これは冒頭の文。こう言ったらみんな信じられないかもしれないが、
と冒頭に結論を書いて驚かせているわけです。あのニワトリが救世
主？という感じ。

※ どんな考えでしょう？ また、今までの that とちょっと違いますね。主人
公の説明文の中で入る余地がない。ということは…。

(正解)

The idea that the humble chicken could become a savior of wildlife will seem improbable to many environmentalists.

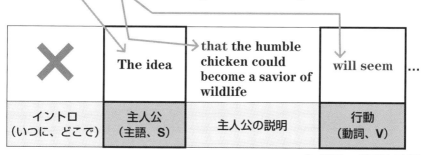

✕	The idea	that the humble chicken could become a savior of wildlife	will seem …
イントロ (いつに、どこで)	主人公 (主語、S)	主人公の説明	行動 (動詞、V)

(**be動詞**、一般動詞、受身)

(前半の訳) 「地味なニワトリが野生生物の救世主になりうる**という**考え**は**、 = (…に見えるだろう)」

ちょっと難しいですね。まず「The …始まり」なので、The idea は主人公。その後に that があるので、主人公の長い説明が入ります。

どこまでかと思うと will seem が見えるので、ここまでが主人公の説明ですね。

意味が難しいですが、「『あの地味なニワトリが、ライオンや象など野生生物すべてを救うヒーローになるかもしれない』という考えは、ありえないことに見えますよね」という感じ。

that 以降は、今までと違って **the idea が入る余地がない**ことに気付いたでしょうか？　主人公 (主語、S) も行動 (動詞、V) もそれ以降もすべてそろっていますね。ならば、いわゆる「**同格のthat**」で「…という考えは」などと訳します。

すると、「救世主になるかもしれない考え」ではおかしいので「救世主になるかもしれないという考え」ですね。

設計図で seem を be 動詞に分類しましたが、**become も seem も語句注に書いたように be動詞の仲間**で、私は「**be動詞系**」と呼んでいます。(be動詞系については第4章であらためてくわしく取り上げます)

＊

that はどうでしたか？

この that がわかると、次の「**名詞**」パターンもわかると思います。

§5. 名詞 ...

主人公の説明のサイン ❺ 直後に「名詞 ...」があるとき

主人公の直後に「名詞...」があるときの読み方は？

The boy **she** ...

さて主人公（主語）の後ろは、主人公の説明？　行動部分？

今度は**主人公の直後になぜかまた名詞があるケース**を考えてみましょう。
主人公も必ず名詞なので、名詞がこのように並ぶカタチになります。（※本書では名詞には代名詞も含みます）

そんなの簡単だよ、「その男と彼女は」でしょ？　簡単。バカにするな。

そう思っている人が多いし、実際そう訳す人が多いのですが、そうかな？
なぜ「と」が出てくる？　どこにも and はないですよ。
作者の付け忘れでもないですよ。

実はこのようになっていたら、**名詞から主人公の説明文が入ると思ってまず間違いない**のです。
知っていましたか？

The boy she loved in her schooldays is Tom.

実際にはこんな文でした。
she からまた文が続いていますね。
これが実は主人公の説明文なのです。
「その男は」と言っておいて、その男の説明をしているのですね。

The boy ⟨ **she loved in her schooldays** ⟩ **is** Tom.
主人公　　　　　主人公の説明　　　　　行動
S　　　　　　　　　　　　　　　　　V

「その男」とは、どんな男かわかりましたか？

「彼女が学生時代に愛した」男ですね。

今までと違うのは、who も that もないということ。

本来は説明文の中で、the boy は loved という動詞の**対象 (目的語、O)** ですね。

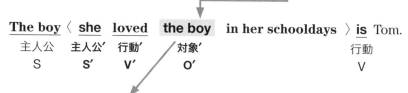

The boy ⟨ she loved **the boy** in her schooldays ⟩ **is** Tom.
主人公　主人公'　行動'　対象'　　　　　　　　　　　　行動
S　　　　S'　　　V'　　　O'　　　　　　　　　　　　　V

つまり、**関係代名詞 that** に変えて前に出さないといけない。

The boy ⟨ **that** she loved in her schooldays ⟩ **is** Tom.
主人公　　対象'　主人公'　行動'　　　　　　　　　　行動

しかし、that がなくても she から説明文が続くことはわかりますよね。

主人公の直後は、行動 (動詞、V) か、説明か、どちらかです。

まさか名詞の she を動詞と間違う人はいないので、このように**主人公の説明の中で対象 (目的語、O) になるときの that は省いてもいいことになっている**のです。

つまり、このパターンは**先ほど見た関係代名詞 that の省略パターン**なのです。

ということで、この文の前半を設計図に入れてみてください。

主人公の直後の名詞から文になっています。

その説明文が終わった後に、行動 (動詞、V) 部分が出てきます。

The boy she loved in her schooldays is Tom.

イントロ (いつに、どこで)	主人公 (主語、S)	主人公の説明	行動 (動詞、V)

(be動詞、一般動詞、受身)

前半の訳 「   」

正解はこうですね。

The boy she loved in her schooldays is Tom.

✕	The boy	she loved in her schooldays	is	...
イントロ (いつに、どこで)	主人公 (主語、S)	主人公の説明	行動 (動詞、V)	

(be動詞、一般動詞、受身)

前半の訳 「彼女が学生時代に愛した男の子 は、＝...」

つまり、「主人公の直後の名詞」とは、説明文の中での主人公、いわゆる

　　主人公'(ダッシュ)

なのですね。

だから、そこからまた行動'...とまた文が続いて、その文の後に、本当の行動 (動詞、V) 部分が出てくることになるので、注意してください。

　このパターンは実は関係代名詞 that の省略だけでなく、いろんな関係詞の省略の場合もあるのですが、今はとりあえず説明文の中で目的語になるはずの that の省略と思っておいてください。このパターンが一番多いので。

　まとめると次のようになります。

主人公の説明のサイン❺

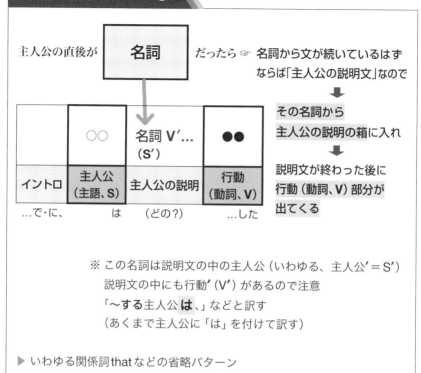

主人公の直後が **名詞** だったら ☞ 名詞から文が続いているはず
　　　　　　　　　　　　　　　　　　　ならば「主人公の説明文」なので

⬇

その名詞から
主人公の説明の箱に入れ

⬇

説明文が終わった後に
行動（動詞、V）部分が
出てくる

		名詞 V′... (S′)	●●
イントロ	主人公 (主語、S)	主人公の説明	行動 (動詞、V)

...で・に、　　　　は　　　（どの？）　　　...した

※ この名詞は説明文の中の主人公（いわゆる、主人公′＝S′）
　　説明文の中にも行動′（V′）があるので注意
　　「〜する主人公 **は**、」などと訳す
　　（あくまで主人公に「は」を付けて訳す）

▶ いわゆる関係詞thatなどの省略パターン
　☞ 説明文の中で対象′（目的語、O′）になるときは省ける

それでは練習してみましょう。

● 練習問題 ●

次のそれぞれの英文の前半部分（太字部分）を設計図に分類してみましょう。
（練習3は全文）

▶練習1 　　　　　　　　　　　　　　　　自己採点＝（　　　）点/10点

The best thing we can do is to figure out how to manage this thing.

(The Wall Street Journal: Dec. 18, 2016)

イントロ （いつに、どこで）	主人公 （主語、S）	主人公の説明	行動 （動詞、V）	…

（be動詞、一般動詞、受身）

前半の訳 「　　　　　　　　　　　　　　　　　　　　　　　　　　　」

語句 the best thing「最善のこと」 we「我々（ここでは日本とアメリカ）」 figure out「理解する、わかる」 how to V「…のやり方」 manage「管理する」 this thing「このもの（中国主導の新しい国際銀行のこと）」

テーマ 中国主催の国際インフラ銀行にアメリカと日本は参加すべきか。

正解

The best thing we can do is to figure out how to manage this thing.

✕	The best thing	we can do	is	…
イントロ （いつに、どこで）	主人公 （主語、S）	主人公の説明	行動 （動詞、V）	

（**be動詞**、一般動詞、受身）

前半の訳 「私たちができる最善のこと**は**、＝...」

主人公の The best thing の後にまた we ...と文が来ていますね。これは説明の文です。前半最後に is があるので、ここまでが説明でしょう。

「『私たちができうる』最善のことは」ということですね。

何をかというと「これ (中国主導の新しい国際銀行) をどう管理するかを理解すること」だそうです。

▶練習2 　　　　　　　　　　　　　　　　　　自己採点＝（　　）点/10点

The way we choose to define an individual person has immense
consequences for how we live our lives. 　　　　　　　（専修大）

				...
イントロ (いつに、どこで)	主人公 (主語、**S**)	主人公の説明	行動 (動詞、**V**)	

（be動詞、一般動詞、受身）

前半の訳 「　　　　　　　　　　　　　　　　　　　　　　　　　」

語句 the way「方法」 choose「選択する、選ぶ」 define「定義する」 individual person「一人の人間、個々の人間」 immense「巨大な、莫大な、はかりしれない」 consequences「続いて起こること、必然的結果、当然の結果、成り行き」 how we live our lives「私たちが人生をどう生きるか」

※ consequence は論文や英字新聞などによく出てくる頻出語。なかなか訳が難しいが。「...の当然の成り行き、当然の結果」という感じ。**例**「落第点は、勉強しなかったことに対する当然の結果」など。

テーマ 人とは何か、猿とはどう違うのか、人をどう定義すべきかを議論しています。

正解

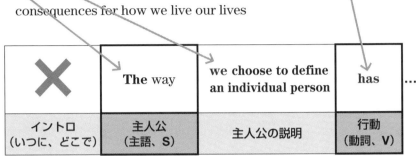

The way we choose to define an individual person has immense
consequences for how we live our lives

✕	The way	we choose to define an individual person	has	...
イントロ （いつに、どこで）	主人公 （主語、S）	主人公の説明	行動 （動詞、V）	

（be動詞、**一般動詞**、受身）

前半の訳 「一人の人間を定義するため私たちが選ぶ方法<u>は</u>、持っている...」

これはちょっと訳が難しいのですが、分類はできますよね。

**主人公の The way（その方法は）の後 we ...からまた文がありますね。これ
は説明の文だと思って、どこに行動部分があるのかと見ると has が見えるので
ここまで主人公の説明**ですね。

「その方法は」、どの方法？　「『私たちが人間一人一人を定義するために選ぶ』
方法」だそうです。

「その方法は、持っている / たくさんの consequences を、人がどう生きるか
の」という文で、「**人の定義は、人がどう生きるかの当然の結果（成行き）**」とい
うこと。

例えば、人が権力を求めて生きるなら、人とは権力を求める生き物と定義で
きるし、お金を求めて生きているなら、人とはお金を求めて生きる生物と定義
できますね。「人の定義は、人がどう生きるかをもっとも反映したもの」、「人の
定義は私たちの生き方そのもの」という感じですね。

あるいは「人は何のために生きるのか、それが定義されないと、人の定義方
法も決まらない」「人をどう定義するかは、人がどう生きるかの最大の反映」と
いう感じでしょうか。

　　　　　　　　　　　　　自己採点＝（　　）点/10点

There are five hiring attributes we have across the company.

(岡山大)

	行動 （be動詞）	主人公 が （主語、S）	主人公の説明 （または文全体の説明）

（　　　　）, **There**
イントロ

訳　「　　　　　　　　　　　　　　　　　　　　　　　　　　　　　　」

語句　hiring attributes「雇用［採用］に関する属性、特質」 across the company「全社的に、全社で」

テーマ　英文のタイトルは "How to Get a Job at Google (グーグルに入社する方法)"。グーグルにどうやって人を採用するのかと聞いたら、人事担当がこう答えたということ。

（正解）

There are five hiring attributes **we have across the company**.

（　　　　）, **There**
イントロ

are	five hiring atttributes	**we have across the company.**
行動 （be動詞）	主人公 が （主語、S）	主人公の説明 （または文全体の説明）

訳　「私たちが全社的に持っている5つの雇用に関する属性 **が** ある」

　グーグルの採用担当者の話。採用するかどうかを見る「5つの属性」がある、といって、さらに we ... から文が続いていますね。これは説明なので、「『私たちが全社で持っている』5つの雇用属性」となります。

　「雇用属性」というと難しく聞こえますが、要するに、採用するとき5つのポイントを見るという話。5つとは何か、気になりますが。

＊

　以上、主人公の説明が「文」のカタチになっているケースを3つ見てきましたが、どうですか?　まさに知らないと命取りですが、わかってしまうとどうということはないですよね。

＊

　次からは動詞を変化させた「**準動詞パターン**」が3つ続きます。

　いよいよ残りの3つをやれば終了です。

　準動詞は「動詞の役目をしていない動詞」という意味でした。(p.192)

　つまり、「設計図の行動 (動詞、V) の箱に入っていませんよ」というサインでしたね。

　主人公の後にあって、行動ではない...、ということは、「主人公の説明のカタマリ」しかありえないのですね。

　まずは **to V ...パターン**から行きましょう。

§6. to V...

主人公の説明のサイン ⑥ 直後に「 to V... 」があるとき

（1）主人公の直後に「 to V... 」があるときの読み方は？

　　A tool **to help** ...

　　さて主人公（主語）の後ろは、主人公の説明？　行動部分？

　今度はこのように、主人公（主語、S）の後ろに、**to V...（＝ to ＋動詞の原形）があるケース**を考えてみましょう。

　　A tool to help ...　　── ①
　　A tool helps ...　　── ②　　　　　　　　　　＊tool ＝ 道具

　例えば、この2つの文はどう違うかわかりますか？
　この文の出だし部分でもいろんなことがわかるのですが。

　　そんなのわかるよ。「道具は」「助ける」でしょ？
　　それくらいわかる。バカにするな。

　そう思うかもしれませんが、そうかな？
　単語の意味しか考えていない人はそうなる。
　①は前に to がありますよ。それを無視したらだめですよね。
　作者はなぜ to をつけたのか、ここでも設計図で考えてください。

　to V...は設計図の中で動詞の役割をしていませんよ、行動部分（動詞、V）ではないですよ、というサインでしたね。
　いわゆる「準動詞」で、**動詞の役目をしていませんというサイン**でした。

　主人公の後で、なおかつ動詞の役目をしていない（行動部分ではない）、ということは、主人公の説明しかありえませんね。

①は実際、こんな文でした。

A tool to help people is necessary.

* necessary「必要な」

to help 以降のカタマリが主人公の説明で、
その後に行動部分（動詞、V）の is が出てきているのがわかるでしょうか。
つまり、設計図をこう使った文ですね。

A tool 〈 **to help people** 〉 **is** necessary.
　主人公　　　主人公の説明　　行動
　　S　　　　　　　　　　　　V

前半を設計図に割り振ってみましょう。

A tool to help people is necessary.

			...
イントロ （いつに、どこで）	主人公 （主語、S）	主人公の説明	行動 （動詞、V）

（be動詞、一般動詞、受身）

前半の訳　「　　　　　　　　　　　　　　　　　　　　　　　」

正解はこうですね。

A tool to help people is necessary.

✕	A tool	to help people	is ...
イントロ （いつに、どこで）	主人公 （主語、S）	主人公の説明	行動 （動詞、**V**）

（**be動詞**、一般動詞、受身）

つまり、

　　主人公の直後が「 to V … 」(to の付いた動詞の原形) なら
　　☞ 主人公の説明のカタマリを付けたぞというサインで
　　☞ 行動部分 (動詞、V) はそのカタマリの後に出てくる

ということですね。

(2) 訳は？

そして訳は主人公の説明として

- 〈1〉「… V する主人公」　　　　(普通タイプ)
- 〈2〉「… V するための主人公」(いわゆる目的)
- 〈3〉「… V するという主人公」(いわゆる同格)

などと訳してください。
どう訳すかは、だいたいこの3パターンを頭に入れておけば大丈夫と思います。

ということで①の文の訳は？　前半 (下線部分) はこうなります。

前半の訳　「人々を助ける (ための) 道具**は** ＝ 必要だ」

これは「**目的パターン**」ですね。

〈3〉の「… V するという主人公は、」の**同格パターン**はこんな感じです。

His dream to become President of the U.S. is wonderful.
「アメリカの大統領になる**という**彼の夢は、すばらしい」

さて、そうすると to のない②の文は、絶対 helps がこの文の行動部分ですね。

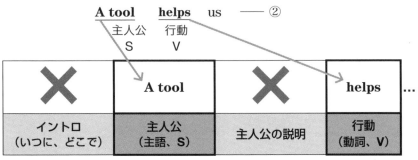

（be動詞、**一般動詞**、受身）

訳　「道具は、助ける、私たちを」

まとめると次のようになります。

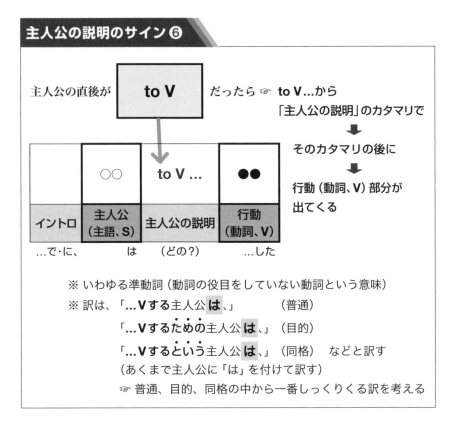

まさに to があるかないかで大違いですね。

作者は to のあるなしでこのような違いを表そうとしているのです。

知っていましたか？

＊

ただ、この to V …パターンは準動詞3パターンの中ではあまり出てきません。

次にお話しする Ving …と Ved（by）…パターンのほうがよく使われます。

それでは練習してみましょう。

● 練習問題 ●

次の英文の前半部分（太字部分）を設計図に分類してみましょう。

自己採点＝（　　　）点 /10点

The ability to know if the driver is ready is a really tricky question.

（立教大・法）

イントロ （いつに、どこで）	主人公 （主語、**S**）	主人公の説明	行動 （動詞、**V**）

（be動詞、一般動詞、受身）

前半の訳　「　　　　　　　　　　　　　　　　　　　　　　　　　」

語句　ability「能力」（この場合は AI（コンピューター、人工知能）の能力）
if「…かどうか」　ready「準備できている、準備完了で」　tricky
question「きわどい［トリッキーな］問題［質問］、答えずらい問題［質
問］」

テーマ　自動運転車の話。自動運転車でも人はハンドルの前にいて、いざと
いうときに運転できる状態にある必要がある。なので、本を読んだり、
メールをしたりしていてもいいが、眠っていたらだめだという。常に
運転できる状態でいる必要があり AI（人工知能）がそれをチェックし
ているが、AI が運転手が運転ができる状態かどうかを把握するのは、
実際は難しいという話。

〔正 解〕

The ability to know if the driver is ready is a really tricky question.

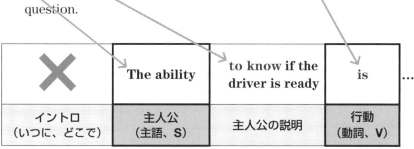

✕	The ability	to know if the driver is ready	is	...
イントロ (いつに、どこで)	主人公 (主語、S)	主人公の説明	行動 (動詞、V)	

（**be**動詞、一般動詞、受身）

前半の訳 「運転手が準備できているかどうかを知る<u>ための</u>能力 **は**、＝...」

「The 始まり」なので、The ability が主人公、その後に to know ...があります。
to が付いているので、動詞 (行動部分) ではなく、その前の説明ですね。
「...を知ることができる能力」ということでしょう。
is が2つあってややこしいですが、to know 以降は、

to know <u>if the driver is ready</u>
行動′   対象′
(V′)   (O′)
ドライバーが準備できているかどうか**を** 知るという...

となっていて、if からまた文のカタマリが来ています。その全体に「を」を付けて訳す感じ。カタマリの中に is があるのですね。

*
この to V ...の考え方がわかれば、次の **Ving ...**や **Ved (by) ...**パターンもわかると思います。

§7. Ving ...

主人公の説明のサイン ❼ 直後に「 Ving ... 」があるとき

（1） 主人公の直後に「 Ving ... 」があるときの読み方は？

The girl **singing** ...

さて主人公（主語）の後ろは、主人公の説明？　行動部分？

今度はこんな文を考えてみましょう。
「少女は、歌っている...」と何の疑問もなく訳す人もいるのでは？
単語の意味しか考えていないとそうなるのですね。

だってing形は進行形でしょ？　そう習ったはず。違うの？

そう思っている人も多いので少し整理しましょう。
重要なのはこの文の作者が**「設計図をどう使ったか」**ですよ。
作者はいろんなサインで設計図をどう使ったかを知らせてくれているのです。

例えば、次の2つの文はどう違いますか？

The girl singing ...　　── ①

The girl is singing ...　── ②

　②の文は主人公の後に、is singing＝「be動詞＋動詞のing形」があるので、こ
れは必ず行動部分（動詞、V）です。
　なので、前半の訳は「少女は、歌っている」でいいですね。

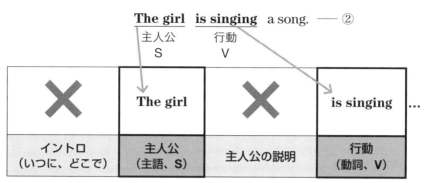

（be動詞、**一般動詞**、受身）

訳 「少女は、歌っている、歌を」

しかし、①の文は **be動詞がなく直接、動詞の ing 形**が来ていますね。

これは準動詞、つまり、「動詞の役目をしていないですよ」というサインでした。

設計図の中で行動部分（動詞、V）の箱には入っていません、というサインでしたね。

主人公の後ろで、行動部分ではない...、ということは主人公の説明しかありえないのですね。

The girl 〈 singing ...
主人公　　 **主人公の説明**

このように、

主人公の後ろにVingなら

☞ 必ず長い主人公の説明のカタマリが続き

☞ そのカタマリの後に、行動部分（動詞、V）が出てくる

と思ってください。100% 間違いないですよ。

実際にはこんな文でした。

The girl singing a song in the classroom is Linda. —— ①

どこまでが主人公の説明で、どこから行動部分（動詞、V）が出てきているか
わかりますか？

正解はこうですね。

The girl 〈 singing a song in the classroom 〉 is Linda.
　主人公　　　　　　　主人公の説明　　　　　　　行動
　　S　　　　　　　　　　　　　　　　　　　　　　V
「<u>教室で歌を歌っている少女は</u>、リンダです」

つまり、設計図を次のように使った文ですね。
下線部分を前半の設計図に入れてみましょう。

The girl singing a song in the classroom is Linda.

				...
イントロ （いつに、どこで）	主人公 （主語、**S**）	主人公の説明	行動 （動詞、**V**）	

（be動詞、一般動詞、受身）

正解はこうですね。

The girl singing a song in the classroom is Linda.

✕	The girl	singing a song in the classroom	is	...
イントロ （いつに、どこで）	主人公 （主語、**S**）	主人公の説明	行動 （動詞、**V**）	

（**be動詞**、一般動詞、受身）

308

　ing 形のカタマリの中もいわゆる「行動′ 対象′ 説明′」となっていることがわかるでしょうか？

　つながっていますので「教室 で 歌 を 歌っている...」となるのですね。

主人公の説明

The girl 〈 **singing** 　**a song**　**in the classroom** 〉 **is** Linda.
主人公　　　行動′　　　対象′　　　　説明′　　　　　行動
　S　　　　　V′　　　　O′　　　　　　　　　　　　V

　どうですか？　わかったでしょうか？

　つまり、**be動詞があるかないかで、作者は設計図をどう使ったのかを表している**のですね。

　もう一度書くと、

　　主人公の後に、Ving（動詞のing形）があれば
　　☞ 長い主人公の説明のカタマリを付けたぞ、というサインで
　　☞ 行動部分（動詞、**V**）はそのカタマリの後に出てくる！

　ということですね。

(2) 訳は？　to V ... との違いは？

　訳は「**... する / している主人公は**」としてください。

　"... する"になるか"... している"になるかは状況によります。（先の例では明らかに"... している"です）　Ving だからといって必ず「している」と訳すとはかぎらないということです。

　今は、**主人公とその動詞とが能動の関係**、つまり、主人公がそれを「する」ということであって、「**される**」という受身の関係ではないことだけを覚えてください。

　すると、to V ... との違いが気になる人もいるでしょう。

　to V ... は「... するための主人公」という「目的」や、「... するという主人公」という「同格」などがありましたが、Ving ... は単純に「... する / している主人公」といういわゆる「能動」の関係を表しているだけです。

訳し方が1つしかなく、to V ...よりも単純だと思ってください。
まとめると次のようになります。

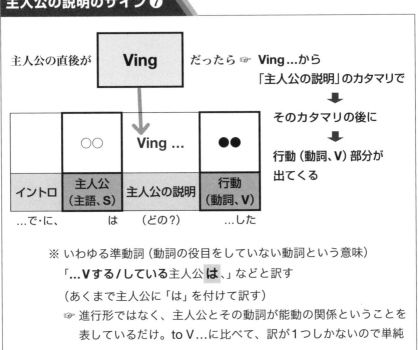

それでは練習してみましょう。

● 練習問題 ●

次のそれぞれの英文の前半部分（太字部分）を設計図に分類してみましょう。

▶練習1　　　　　　　　　　　　　　　　　　自己採点・10点満点中＝（　）点

560,000 students seeking to enroll in Japanese universities took the national standardized test this weekend.

(The Wall Street Journal: Jan. 18, 2016・一部改)

イントロ (いつに、どこで)	主人公 (主語、S)	主人公の説明	行動 (動詞、V)	...

(be動詞、一般動詞、受身)

（前半の訳）　「　　　　　　　　　　　　　　　　　　　　　　　　」

（語句）　560,000 students「56万人の生徒たち」　seek to V「Vすることを目指す、求める」　enroll「入学する」　the national standardized test「全国統一テスト（センター試験のこと）」　this weekend「この週末に」

（正解）

560,000 students seeking to enroll in Japanese universities took the national standardized test this weekend.

イントロ (いつに、どこで)	主人公 (主語、S)	主人公の説明	行動 (動詞、V)	...
✕	560,000 students	seeking to enroll in Japanese universities	took	...

(be動詞、**一般動詞**、受身)

前半の訳 「日本の大学への入学を目指す56万人の生徒たち**は**、受けた…」

主人公らしき560,000 students の後に seeking …という Ving があるのでこ こから説明を付けたというサイン。

どこまでかと思うと took があるのでここまでですね。

どんな56万の生徒かというと「日本の大学への入学を目指す」56万の生徒で、 何を受験したのかというと、「センター試験を」ですね。

▶練習2　　　　　　　　　　　　　　　　　自己採点・10点満点中＝（　）点

Those taking part in the two-week program will receive a payment of ¥380,000 ($3,200) at the end of the experiment, according to the agency.　　　(The Wall Street Journal: Jan. 6, 2016)

イントロ （いつに、どこで）	主人公 （主語、S）	主人公の説明	行動 （動詞、V）	…

(be動詞、一般動詞、受身)

前半の訳　「　　　　　　　　　　　　　　　　　　　　　　　　　」

語句　take part in「…に参加する」　two-week program「2週間のプログラ ム」　receive「受け取る」　payment「給与、報酬」　¥380,000 ($3,200)「38万円（3200ドル）」　at the end of「…の最後に」 experiment「実験」　according to「…によると」　agency「（政府な どの）機関、局」

テーマ　日本の宇宙空間開発機構が、閉鎖環境の中で2週間耐え続けるスト レステストの参加者を募集。実験参加者への報酬は？

正解

Those taking part in the two-week program will receive a payment of ¥380,000 ($3,200) at the end of the experiment, according to the agency.

✕	**Those**	taking part in the two- week program	will receive ...
イントロ（いつに、どこで）	主人公（主語、S）	主人公の説明	行動（動詞、V）

(be動詞、**一般動詞**、受身)

前半の訳 「2週間のプログラムに参加する人たち **は**、受け取る予定...」

Those は名詞で、その後に taking ...と ing 形が be動詞なしで来ているので、これは進行形ではなく「主人公＋主人公の説明」ですね。どんな人たちかというと「2週間のプログラムに参加する」人たちです。

Those ＋ Ving は p.273に出てきた Those who ...（...な人たち）の Ving バージョンだと考えてください。

そして、前半最後に will receive という行動部分が見えるのでここまでが説明です。何を受け取る予定かというと「38万円の報酬を」。実験の最後にもらえるらしい。

　　　　　　　　　　　＊

この Ving ...パターンがわかると、次の **Ved (by)** ...パターンも簡単にわかると思います。

なにせこの2つは双子の姉妹のようなものなので。

§8. Ved (by ...)

直後に「 Ved (by ...)」があるとき

（1）　主人公の直後に「 Ved（過去分詞）（＋byなど前置詞）... 」があるとき
**　の読み方は？**

　　The girl **scolded by** ...

　　さて主人公（主語）の後ろは、主人公の説明？　行動部分？

　いよいよこれが主人公の説明のサインのラストです。
　このように主人公の説明の後に、動詞の過去形ぽいものと、by などの前置詞
が続くケースがあります。

　　The girl scolded by the teacher...　── ①

例えば、こんな文ならどうでしょう。scold は「しかる」ですよ。

　　そんなの「少女は先生にしかられた」でしょ？　いわゆる受身だよね。
　　こんなの簡単、バカにするな。

そういう人も多いと思いますがそうでしょうか。
単語の意味しか考えてない人はそうなるのですが。

　　The girl scolded by the teacher...　　　── ①

　　The girl was scolded by the teacher...　── ②

ではこの2つの文はどう違うかわかりますか？
設計図をどう使った文か、と考えることが重要ですよ。
作者のサインがわかりますか？
②は was という be動詞があるので、「be動詞＋過去分詞」で受身、
つまり、この部分が行動部分（動詞、V）だよと言っているのですね。

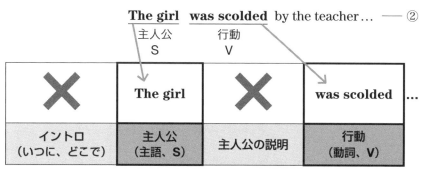

（be動詞、一般動詞、**受身**）

訳 「少女は、しかられた、先生に」

しかし、①は？

be 動詞がないですよ。

作者の付け忘れかなと思って平気で受身で訳す人が多いのですが、そうではなく、これは実は「**ここから主人公の説明をつけたぞ**」という**サイン**なのですね。

The girl 〈 scolded by the teacher ... ── ①
主人公　　**主人公の説明**

「過去分詞＋ by などの前置詞」から始まるカタマリも**準動詞**でしたね。

つまり、「**動詞の役目をしていない動詞**」という意味でした。

「設計図の中で行動部分の箱に入っていないよ」という意味でしたね。

主人公の後ろにあって、行動部分ではない…ということは、「主人公の説明」でしかありえないのですね。

scolded は過去形のような形をしていますが、実は過去分詞だったのです。

なので、**過去分詞から始まる主人公の説明のカタマリの後に、行動部分（動詞、V）が出てきている**はずです。

①は実際はこんな文でした。

The girl scolded by the teacher was Linda. ── ①

どこまでが主人公の説明で、どこに行動部分（動詞、V）があるかわかりますか？

正解はこうですね。

The girl 〈 **scolded by the teacher** 〉 **was** Linda.
主人公　　　　　　主人公の説明　　　　　行動
　S　　　　　　　　　　　　　　　　　V

次の太字部分を前半の設計図に入れてみましょう。

The girl scolded by the teacher was Linda.

イントロ (いつに、どこで)	主人公 (主語、S)	主人公の説明	行動 (動詞、V)	...

(be動詞、一般動詞、受身)

前半の訳　「　　　　　　　　　　　　　　　　　」

正解はこうですね。

The girl scolded by the teacher was Linda.

✕	The girl	scolded by the teacher	was	...
イントロ (いつに、どこで)	主人公 (主語、S)	主人公の説明	行動 (動詞、V)	

(be動詞、一般動詞、受身)

訳はわかりますか?　その少女とは?
正解はこうですね。

前半の訳　「先生にしかられた少女は、＝...」

316

(2) 訳は？　Ving ...との違いは？

つまり、Ved (by ...) はさきほどの Ving 形の受身バージョンですね。

- 主人公 Ving...　　☞「**Vする**主人公は、」
- 主人公 Ved (by...)　☞「**Vされる**［**Vされた**］主人公は、」

ということ。

つまり、主人公と動詞とが「受身の関係」になっているのです。

主人公と動詞とが受身の関係になっていることを、過去分詞という形にして表しているのですね。そして、誰によって V される［V された］かが by ...で表されますが、by 以外の前置詞が来る場合もあります。

過去分詞と過去形は、どちらも ... ed という形をしていることが多く、わかりずらいのですが、

　「もしかしたら過去分詞を使った主人公の説明かな?」

と気づけるかどうかが重要ですよ。

つまり、

　主人公の後に、「過去分詞らしきもの＋byなどの前置詞」が来ていたら
　☞ 過去分詞を使った主人公の説明で
　☞ そのカタマリが終わった後に、行動部分 (動詞、**V**) が出てくるかもしれない
　と考えることが重要

ということですね。

まとめると次のようになります。

主人公の説明のサイン ❽

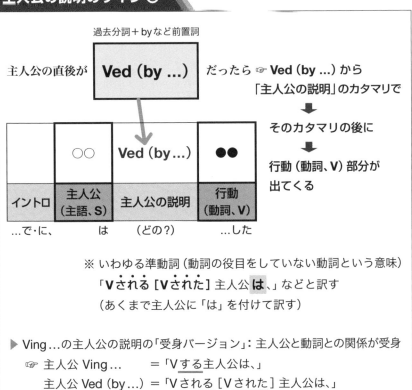

過去分詞＋byなど前置詞

主人公の直後が **Ved (by ...)** だったら ☞ **Ved (by ...)** から

「主人公の説明」のカタマリで

そのカタマリの後に

行動（動詞、**V**）部分が
出てくる

イントロ	主人公 （主語、**S**）	主人公の説明	行動 （動詞、**V**）
	○○	Ved (by ...)	●●
...で・に、	は	（どの?）	...した

※ いわゆる準動詞（動詞の役目をしていない動詞という意味）
「**V**される [**V**された] 主人公 **は**、」などと訳す
（あくまで主人公に「は」を付けて訳す）

▶ Ving ...の主人公の説明の「受身バージョン」: 主人公と動詞との関係が受身
 ☞ 主人公 Ving ... ＝「**V**する主人公は、」
  主人公 Ved (by ...) ＝「**V**される [**V**された] 主人公は、」

それでは練習してみましょう。

● 練習問題 ●

次のそれぞれの英文の前半部分（太字部分）を設計図に分類してみましょう。

▶**練習1**　　　　　　　　　　　　　自己採点・10点満点中＝（　）点

Olympic medals handed out at the 2020 Games in Tokyo may contain precious metals gathered from discarded mobile phones and other electronics.　　　　　　（The Wall Street Journal: Jan. 15, 2016）

				…
イントロ （いつに、どこで）	主人公 （主語、S）	主人公の説明	行動 （動詞、V）	

（be動詞、一般動詞、受身）

前半の訳　「　　　　　　　　　　　　　　　　　　　　　　　　　」

語句　Olympic medals「オリンピックのメダル」　hand out「配る、手渡しする」　the 2020 Games in Tokyo「東京での2020年の大会（＝2020年の東京オリンピック）」　contain「含む」　precious metals「貴金属」　gather「集める」　discarded mobile phones「廃棄された携帯電話」　electronics「電化製品」

テーマ　2020年の東京オリンピックのメダルに使用する金属は、廃棄された携帯電話から回収？

正解

Olympic medals handed out at the 2020 Games in Tokyo may contain precious metals gathered from discarded mobile phones and other electronics.

✕	Olympic medals	handed out at the 2020 Games in Tokyo	may contain ...
イントロ (いつに、どこで)	主人公 (主語、S)	主人公の説明	行動 (動詞、V)

(be動詞、**一般動詞**、受身)

前半の訳 「2020年のオリンピックで配られるオリンピックメダルは、含むかもしれない…」

主人公らしき Olympic medals の後に handed …。

行動部分 (動詞、V) かなと思いますが、メダルが配ったというのもおかしい。すると、前半最後に may contain が見えますね。どうやらこれが行動部分で、「handed out …は過去分詞を使った主人公の説明かも」と気づけましたか？

「『2020年のオリンピックで配られる［手渡される］』オリンピックメダル」ですが、それが何を含むかもしれないかというと、「貴金属を」(precious metals) とあります。さらにそれに説明が付き、「捨てられた携帯電話やその他電子機器から集められた」貴金属です。

この precious metals gathered from discarded mobile phones and other electronics の箇所は「主人公 + Ved による主人公の説明」と同じパターンですね。

金や銀や銅をリサイクルしたものから使おうという試みのようですね。

Deaths caused by drowning in bathtubs have risen by 70% over
the past 10 years, with nine out of 10 involving those aged 65 or
older.　　　　　　　　　　　　　　(The Wall Street Journal: Jan. 22, 2016)

イントロ (いつに、どこで)	主人公 (主語、S)	主人公の説明	行動 (動詞、V)
			...

（be動詞、一般動詞、受身）

前半の訳　「　　　　　　　　　　　　　　　　　　　　　　　　　　　」

語句　cause「引き起こす、起因する」　drown「おぼれ死ぬ」　bathtubs「バスタブ、湯船」　rise「上昇する、増える」　by 70%「70パーセントだけ」(by は程度や差を表す」)　over the past 10 years「過去10年にわたって」　with nine out of 10 involving those aged 65 or older「10人中9人は65歳以上の人たちで」(文全体の説明)

テーマ　お風呂で溺死する人の数が増え続けている。

正解

Deaths caused by drowning in bathtubs have risen by 70% over
the past 10 years, with nine out of 10 involving those aged 65 or
older.

✕	**Deaths**	caused by drowning in bathtubs	have risen ...
イントロ (いつに、どこで)	主人公 (主語)	主人公の説明	行動 (動詞、V)

（be動詞、**一般動詞**、受身）

321

前半の訳 「お風呂場でおぼれることによって引き起こされる死<u>は</u>、増えてきている…」

主人公らしき Deaths の後に caused by …というカタチ。

受身にしては be動詞がないので、おかしいと思っていると前半最後に have risen がある。どうやらこれが行動部分で、caused by …はその前の主人公の説明とわかりましたか？

「『風呂場でおぼれることにより引き起こされる』死」ですね。それが増えてきている、という記事。have risen と完了形なので、長い時間をかけて増えてきた、ということです。

過去10年で70% も増えているのですね。ほとんどが高齢者だそうです。

▶**練習3**　　　　　　　　　　　　自己採点・10点満点中＝（　）点

The economist known as the grandfather of Prime Minister Shinzo Abe's economic program now has a second job as a composer.

(The Wall Street Journal: Jan. 21, 2016)

イントロ (いつに、どこで)	主人公 (主語、S)	主人公の説明	行動 (動詞、V)	…

(be動詞、一般動詞、受身)

前半の訳 「　　　　　　　　　　　　　　　　　　　　　　」

語句 economist「経済学者、エコノミスト」 as (前置詞)「…として」 the grandfather of Prime Minister Shinzo Abe's economic program「安倍晋三首相の経済プログラムの祖父 (安倍首相に提案した人)」(*grandfather には「生みの親の親、創設者」の意味もある) a second job「2つ目の仕事」 composer「作曲家」

テーマ 安倍政権を支える有名エコノミストのもう一つの仕事は？

正解

The economist known as the grandfather of Prime Minister Shinzo Abe's economic program now has a second job as a composer.

✕	**The economist**	**known as the grandfather of Prime Minister Shinzo Abe's economic program**	**now has** ...
イントロ (いつに、どこで)	主人公 (主語、S)	主人公の説明	行動 (動詞、V)

(be動詞、一般動詞、受身)

前半の訳 「安倍首相の経済プログラムの生みの親として知られている経済学者は、現在は持っている... 」

　The economist という主人公の後に known as ...というカタチ。これが行動部分（動詞、V）かなと思うが、その先に has があります。ということは known as ...は過去分詞を使った主人公の説明で、has が行動部分ですね。now has で「現在は持っている」なので now（副詞）と一緒に行動部分の箱に入れます。このように、**1語の副詞を動詞の前に付けることもあるので注意**。(p.249 も参照)

　「『安倍首相の経済プログラムの生みの親として知られている』経済学者」ですね。それが何を（現在）持っているのかというと「2つ目の仕事を、作曲家としての」だそうで、作曲家でもあるのですね。多才。

＊

以上で第3章が終わりです。

よく頑張りました！

前半の読み方はこれで終了です。

卒業試験問題

　以上、英語の「前半」の読み方を伝授してきました。

　それでは**本当に前半の読み方がマスターできたか、これから卒業試験をします。**

　今までは各セクションの要点ごとにそれに合わせた英文が出てきましたが、ここからは**アトランダムに出てきたとき対処できるか**です。

　この本は**英語が超苦手な大学生が、やがて期末試験で満点を取るまでの軌跡（奇跡）を描いた本**だと言いましたが、その期末試験を再現したものがこの卒業試験。皆さんも満点がとれるか、やってみてください。

　もちろん**英文は皆さんが「初めて見る文」**です。第1章で「初めて見る文」が「自力」で読めるかが皆さんの目標だと言いました。普通の試験では解説済みの文を出しますが、それをやっても意味がないこともももう十分わかっているはずです。

　第2章のPART 1では「文頭1から4まで」、PART 2では「文頭5から12まで」、第3章では主人公の説明をマスターしてもらいました。ここまでを試験します。試験もそれに対応して3テーマに分かれ、テーマ1が文頭1から4まで、テーマ2が文頭5から12まで、テーマ3が主人公の説明です。

　合計19問。設計図に正しく埋められたら10点。合計190点満点。訳も同じく各10点で採点してもいいでしょう。まず問題のみがあって、正解と解説はp.325から載せてありますが、1問ごとに正解を見て採点してもかまいません。

　用意はいいですか？　本当に英語が読めるようになったのか。

　それではいよいよスタートしましょう。

テーマ 1　卒業試験問題

英文の前半部分（太字部分）を、ここまでの「練習問題」で行ったように、行動（動詞、V）までを「設計図」に正しく分類しなさい。後半部分（太字以外）は分類しなくてよい。訳も余白やノートなどに書いてみてください。

配点・各10点。

*なお、問題10、13、16は全文

問題1

The oversupply of women for the office was the result of changes in the economy.　　　　　　　　　　　　　　　（青山学院大・文学部）

イントロ （いつに、どこで）	主人公 （主語、S）	主人公の説明	行動 （動詞、V）	…

語句　oversupply「供給過剰」(for ...で「...に対する過剰供給」)　office「オフィス、事務所」　result「結果」　changes in the economy「経済における変化」

ヒント　この文のテーマは女性の社会進出の歴史

Before and immediately after the Civil War, family farms provided plenty of work for women.　　（青山学院大・文）

イントロ （いつに、どこで）	主人公 （主語、S）	主人公の説明	行動 （動詞、V）	…

語句 before「…の前」 immediately after「…の直後」（*before も after も 前置詞） the Civil War「南北戦争」 family farm「家族経営の農場、 自営の農場」 provide「供給する」 plenty of「たくさんの」

ヒント 農家が女性を必要とした、農家が女性に仕事を与えたのが、女性の 社会進出の始まり。それはいつ？

The structure of the workforce of the time depended on women being in the office.　　（青山学院大・文・一部改）

イントロ （いつに、どこで）	主人公 （主語、S）	主人公の説明	行動 （動詞、V）	…

語句 structure「構造」 workforce「労働力」 the time「その時代、当時」 depend on「…に依存する」 women being in the office「オフィスで 働く女性」

問題4

For decades, Paul Ekman and his colleagues have studied
the influence of culture on the facial display of emotions.

(早稲田大・教育)

イントロ (いつに、どこで)	主人公 (主語、S)	主人公の説明	行動 (動詞、V)	...

語句 for「…の間」(期間の長さの for)　decade「10年」(*decades（複数形）「数十年」)　Paul Ekman「ポール・エクマン（人名）」　colleagues「同僚、仲間」　influence of culture「文化の影響」　facial display「顔の表情」　emotions「感情、感情表現」

問題5

The most common conception of deserts and arid lands is
that they are barren, deforested, overgrazed lands.　(京都大・一部改)

イントロ (いつに、どこで)	主人公 (主語、S)	主人公の説明	行動 (動詞、V)	...

語句 common「一般的な」　conception「概念」　deserts「砂漠」　arid lands「乾燥地」　barren「不毛の、作物ができない」　deforested「伐採された」　overgrazed「過度に放牧された」

The advantage of the scientific approach over other ways of knowing about the world is that it provides an objective set of rules for gathering, evaluating, and reporting information. （大阪大）

イントロ (いつに、どこで)	主人公 (主語、S)	主人公の説明	行動 (動詞、V)	…

語句 advantage「有利な点」　scientific「科学的な」　approach「取り組み、アプローチ」　provide「供給する、提供する」　objective「客観的な」　gather「収集する」　evaluate「評価する」

ヒント　大学で学ぶのは科学的アプローチで、それは世界を知るための1つの方法ですが、他の方法に比べどんな利点がある？

At the University of Rochester, researchers found that players of some fast-paced video games can track the movement of approximately 33% more objects on a screen than non-players. （慶応大・文）

イントロ (いつに、どこで)	主人公 (主語、S)	主人公の説明	行動 (動詞、V)	…

語句 University of Rochester「ロチェスター大学」　researcher「研究者」　fast-paced「速い動きの」　track「追跡する」　approximately「おおよそ、ほぼ」　object「対象物」

問題8

**The winner of the 2004 Hard Spell competition successfully
spelled** words like troglodyte, nyctrophobia.　　　（慶応大・文）

イントロ （いつに、どこで）	主人公 （主語、S）	主人公の説明	行動 （動詞、V）	…

語句　winner「優勝者」　2004 Hard Spell competition「2004年のハードス
ペルコンペ（イギリス最大のつづり（スペリング）コンテストの名前）」
successfully「成功裏に、正しく（※副詞なので、セットで行動（動詞、
V)の箱へ）」　spell「つづる、スペルする」　like「…などの」

ヒント　欧米にはスペリングコンテストがあるらしい。日本で言えば漢字コ
ンテスト。優勝賞金も高額で、優勝者はヒーローになるとか。
troglodyte, nyctrophobia は難しいつづりの単語の典型らしい。

問題9

A knowledge of the spelling of these words is quite different
from an understanding of their meaning and an ability to use
them in correct contexts.　　　（慶応大・文）

イントロ （いつに、どこで）	主人公 （主語、S）	主人公の説明	行動 （動詞、V）	…

語句　knowledge「知識」　quite different「まったく異なる」　meaning「意
味」　ability「能力」　correct context「正しい文脈」

ヒント　正しくスペリングできるだけで偉いわけではない。

問題10

There is an economic argument for the importance of correct spelling.

(慶応大・文)

(   ), **There**
イントロ

行動	主人公	主人公の説明 （または文全体の説明）

語句 economic argument「経済的な理由、議論、根拠」 importance「重要性」(for the importance ...「...の重要性には、...の重要性に対しては」) correct spelling「正しくつづる［スペリングする］こと」

ヒント 正しくスペリングできることは、ほめられるだけでなく、収入にも関係する？

問題11

The biological value of the vocalization among crows is shown by the fact that the males that crow the most also have the highest reproduction rate.

(青山学院大・教育人間科学)

イントロ （いつに、どこで）	主人公 （主語、S）	主人公の説明	行動 （動詞、V）	...

語句 biological value「生物学的価値」 vocalization「声を出すこと（ここでは、鳴くこと）」 among（前置詞）「...の間で」 crows「カラス」 by the fact that ...「...以下の事実によって」 male「オス」 crow（動詞）「鳴く」 the highest reproduction rate「もっとも高い繁殖率」

ヒント メスではなくオスが鳴くことが多いそうだが、その生物学的価値は？ よく鳴くオスほど繁殖率が高いそう。つまり「女性にもてる」！

問題12

However, the whole discussion of communicative functions in animals is flawed by the fact that we don't really know what goes on in the minds of the individuals. （青山学院大・教育人間科学）

イントロ （いつに、どこで）	主人公 （主語、S）	主人公の説明	行動 （動詞、V）	...

語句 However「しかし」(p.242)　whole「すべての、丸ごとの」　discussion「議論」　communicative function「コミュニケーション機能」　flaw「キズをつける、傷ものにする」　by the fact …「…以下の事実によって」　what goes on「何が起こっているのか」　individual「個々の」

ヒント 今まで動物たちの鳴き声によるコミュニケーションについて議論してきたが、そのすべての議論は、結局人間の想像にすぎない？

問題13

There are lives that can be saved with just a little compassion. (The Wall Street Journal: Jan. 28, 2016)

（　　　）, **There**
イントロ

行動	主人公	主人公の説明 （または文全体の説明）

問題14

In an attempt to explain some of these characteristics of
language development, scientists often apply the concept of
innate ability.

(日本大)

イントロ （いつに、どこで）	主人公 （主語、S）	主人公の説明	行動 （動詞、V）	…

語句 attempt「試み」（attempt to V ＝ Vしようとする試み） explain「説明する」 characteristics「特徴」 language development「言語発達」 scientists「科学者」 apply「適用する、使用する」 concept「概念」 innate ability「生まれ持った能力、天賦の才能」

 ＊often は副詞なので、行動（V）の箱に動詞とセットで入れる

ヒント 赤ちゃんはどうやって言葉を覚えるのかという言語発達の話。

テーマ 2　卒業試験問題

問題15

When one of the most important e-mail messages of his life landed in his in-box a few years ago, Kord Campbell overlooked it.

(慶応大・文)

			...
イントロ (いつに、どこで)	主人公 (主語、**S**)	主人公の説明	行動 (動詞、**V**)

語句　e-mail messages「Eメールのメッセージ」　life「人生」　land「届く」　in-box「メールボックス」　Kord Campbell「コード・キャンベル(人名)」　overlook「見落とす、見過ごす」

問題16

It is true that developed countries are required to give protection to refugees.

(The Yomiuri Shimbun: Feb. 1, 2016)

（　　）,
イントロ

It			/	
仮主人公	行動	状態		真主人公

語句　developed countries「先進国」　be required to V「Vすることを求められている」　give protection to「…に保護を与える」　refugees「難民」

ヒント　It is ...で始まっているので設計図は？　シリアなどからの難民問題。偽装難民もいるので先進国にとっては受け入れるか難しい問題。

What is critical to be an effective leader in this environment is to be willing to relinquish power.

(岡山大)

				...
イントロ (いつに、どこで)	主人公 (主語、S)	主人公の説明	行動 (動詞、V)	

語句 critical「重要な、決定的な、核心となる」 to be an effective leader「優秀な（効果的な）リーダーになるために」 in this environment「この環境で」 be willing to V「...するのをいとわない」 relinquish power「権限を他の人に譲る、権限を手放す」

ヒント グーグルはどんな人を採用するのか、という質問に対するグーグル採用担当者の答えの文章。リーダーになるために...。

テーマ 3 卒業試験問題

問題18

People who saw their towns swallowed up by black water want to rebuild their houses on high ground.

(The Yomiuri Shimbun: Jan. 18, 2017・一部改)

イントロ (いつに、どこで)	主人公 (主語、S)	主人公の説明	行動 (動詞、V)	…

語句 saw their towns swallowed up「自分たちの街が飲み込まれるのを見た」(*see A Ved by … = A が…に V されるのを見る) black water「黒い水 (洪水のこと)」 rebuild「再建する」 high ground「高台」

問題19

Truly autonomous cars that do all the work are still at least a decade away from transporting people around town. (立教大・法)

イントロ (いつに、どこで)	主人公 (主語、S)	主人公の説明	行動 (動詞、V)	…

語句 truly「真に」 autonomous cars「自律型自動車」 still「いまだに」 at least「少なくとも」 a decade「10年」 away「離れている」 transport「運ぶ、移動させる」 around town「街の中で」

ヒント 夢の自動運転車はまだまだ先？

問題1

文頭② The oversupply of women for the office was the result of
changes in the economy.

説明①

✕	The oversupply	of women for the office	was	...
イントロ (いつに、どこで)	主人公 (主語、S)	主人公の説明	行動 (動詞、V)	

(**be動詞**、一般動詞、受身)

前半の訳　「オフィスに対する女性 の 供給過剰 は、＝ / ...」

of から主人公の説明ですね。ここは問題ないと思いますが「オフィスの供給
過剰は」とか、「供給過剰の女性は」とか訳した人はいませんか。
　まず「供給過剰は」ですね。そして、何が供給過剰？と思って読むと The
oversupply **of** women ...となっているので「女性の供給過剰」です。
　作者の言いたいことを正確につかんでください。女性の供給過剰、つまり、
女性が余っているということですね。オフィスに押し寄せているわけです。そ
れは経済構造が農業中心からオフィス中心に変わった結果だということですね。

問題2

文頭① Before and immediately after the Civil War, family farms provided
plenty of work for women.

Before and immediately after the Civil War,	family farms	✕	provided	...
イントロ (いつに、どこで)	主人公 (主語、S)	主人公の説明	行動 (動詞、V)	

(be動詞、**一般動詞**、受身)

前半の訳　「南北戦争の前とその直後 **に**、自営農場 **は**、供給した / ……　」

イントロ部分で、immediately に惑わされて「南北戦争の直後の前」と訳した人はいませんか。「直後の前」ってどういう意味でしょう？

the Civil War は Before と after につながります。

Before the Civil War　（南北戦争の前）

immediately **after** the Civil War　（南北戦争の直後）

と、この2つを言っているわけです。つまり、「南北戦争の前」と「南北戦争の直後」です。「戦争が始まる前から～終わった直後ぐらいまで」という "時の説明" ですね。

問題3

文頭②　　説明①

The structure of the workforce of the time depended on women being in the office.

✕	The structure	of the workforce of the time	depended	…
イントロ （いつに、どこで）	主人公 （主語、S）	主人公の説明	行動 （動詞、V）	

（be動詞、**一般動詞**、受身）

前半の訳　「その時代の労働力の構造 **は**、依存した / …」

これは簡単だったかもしれませんね。

まず「その構造は」と言っているわけですね。そして何の構造？と思ったら「労働力の構造」です。それにさらに「その時代の」という説明が付いているので「その時代の労働力の構造は」となります。

その後に動詞の過去形らしき depended があり、これが行動部分ですね。ここまでが前半。今までは the time depended だけを見て、適当に「時代は依存した…」などといい加減に訳をしていませんでしたか？

文頭① **For decades, Paul Ekman and his colleagues have studied** the influence of culture on the facial display of emotions.

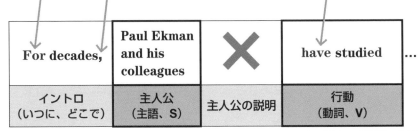

For decades,	Paul Ekman and his colleagues	✕	have studied	...
イントロ（いつに、どこで）	主人公（主語、S）	主人公の説明	行動（動詞、V）	

（be動詞、**一般動詞**、受身）

前半の訳 「数十年間、ポール・エクマンと彼の同僚 **は**、研究してきた / ...」

　これは行動部分が完了形のニュアンスですね。長い間、現在までずっと研究してきた、というニュアンス。3つタイプのうち「一般動詞」です。
　誤訳例として、「数十年間」を「十年間」と訳した人はいませんか？　0.5点減点です。decadesと複数形になっていますね。語句注にヒントとして書いておいたのですが、十年ではなく十年が複数ですよ。それくらい長くという意味です。

問題5

説明①

文頭② **The most common conception of deserts and arid lands is that** they are barren, deforested, overgrazed lands.

✕	The most common conception	of deserts and arid lands	is	...
イントロ（いつに、どこで）	主人公（主語、S）	主人公の説明	行動（動詞、V）	

（**be動詞**、一般動詞、受身）

前半の訳 「乾燥地と砂漠のもっとも一般的な概念 **は**、＝ / ...　」

どんな概念かというと、is 以下で「『不毛で、伐採され、過度に放牧された』土地」という概念ですね。

問題6

文頭② 説明①

The advantage of the scientific approach over other ways of knowing about the world is that it provides an objective set of rules for gathering, evaluating, and reporting information.

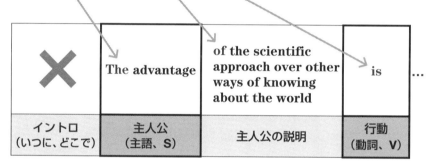

✕	The advantage	of the scientific approach over other ways of knowing about the world	is	...
イントロ (いつに、どこで)	主人公 (主語、S)	主人公の説明	行動 (動詞、V)	

（**be**動詞、一般動詞、受身）

前半の訳 「世界について知るための他の方法に比べて科学的アプローチの利点 **は**、 = / ...

どんな利点かというと、is 以下で「情報を集め、分析し、報告（発表）する一連のルールをそれが提供することだ」と言っていますね。文の後半は【問題5】と同じく、the advantage が省略されていると考えます。

大学に入って学ぶこと、卒論を書く作業がまさにこの科学的アプローチ。この文は下線が引いてあって訳せという問題ですが、このように訳せば合格ですね。

■ **もっとも重要な情報は？**

誤訳例 「世界について知るための科学的アプローチに比べて他の方法の利点は、 = / ...　」

こう訳してしまう人も多いと思います。何が間違っているかわかりますか？
「...他の方法の利点は」になっていますね。これだと話がまったく違ってきます。採点はたぶん0点かも。

The advantage of the scientific approach…

これが最も重要な情報ですよ。この段階で「…科学的アプローチの利点**は**」に決まります。あとはその説明ですね。

文頭① **At the University of Rochester, researchers found** that players of some fast-paced video games can track the movement of approximately 33% more objects on a screen than non-players.

（be動詞、**一般動詞**、受身）

前半の訳　「ロチェスター大学**で**、研究者たち**は**、見つけた / …」

ここまで「The …始まり」の問題が続きましたが、惑わされずにイントロとわかりましたか。

まず At で始まるのでカンマまでイントロですね。場所の説明です。カンマの後の researchers が主人公。

これはやさしかったと思いますが、訳は大丈夫でしたか？　「ロチェスター大学の研究者たちは」と訳した人はいませんか。これでもいいじゃないかと思うかもしれませんが、これだと At the University of Rochester が主人公の説明になります。あくまで作者はイントロの箱に入れている（＝イントロとして書いている）ので、「ロチェスター大学」は"場所の説明"です。

なので「ロチェスター大学で、研究者たちは」と訳すのが正解です。「で」を付けて、さらに「、」でいったん切ってください。

問題8

文頭② 　　　説明①

The winner of the 2004 Hard Spell competition successfully spelled words like troglodyte,nyctrophobia.

✕	**The winner**	**of the 2004 Hard Spell competition**	**successfully spelled** ...
イントロ (いつに、どこで)	主人公 (主語、S)	主人公の説明	行動 (動詞、V)

(be動詞、**一般動詞**、受身)

前半の訳 「2004年のハードスペルコンペの優勝者 **は**、正しくつづった / …」

successfully をどこに分類するかがポイントでした。

successfully「成功裏に、正しく(※副詞なので、セットで行動 (動詞、V) の箱へ)」と語句注にわざわざ書いておいたのですが。気付いたでしょうか？

このように、**1語の副詞を動詞の前に付けることもあるので注意**。つまり、「正しくつづった」ですね。「つづった」という動詞にかかっているわけです。

■「1語の副詞」はセットで行動の箱へ

副詞とは「動詞を補足説明するもの」です。successfully など… ly というカタチをしていることが多いので見抜けるはず。1語の副詞が動詞の前にあって説明するケースがあるので、**セットで行動部分の箱**に入れて、動詞の説明として訳してください。(p.249 も参照)

義頭② 説明①

A knowledge of the spelling of these words is quite different from an understanding of their meaning and an ability to use them in correct contexts.

✕	A knowledge	of the spelling of these words	is	…
イントロ (いつに、どこで)	主人公 (主語、**S**)	主人公の説明	行動 (動詞、**V**)	

(**be動詞**、一般動詞、受身)

前半の訳 「これらの単語をつづる知識**は**、＝ / …」

これは【問題8】の続きですが、分類も訳もいろいろ課題が見える問題です。まず分類ですが、次のように分類した人がいたと思います。

■ **分類の間違い例**

✕	A knowledge of ~~the~~ spelling	of these words	is	…
イントロ	主人公	主人公の説明	行動	

of が2つあると、最初の of …をなぜか主人公の箱に入れる人がいます。2つ目の of から主人公の説明などと言っていませんよ。of が見えたらその時点で主人公の説明の箱へ、つまり of の前で切るのです。of は前置詞ですから、of から主人公の箱に入ることは原則としてないです。

「つづる（スペルする）知識」というのはわかりましたか？「これらの単語」と「つづる」の関係はどうでした？ these words があるので「これらの（つづりの難しい）単語**を**スペルする知識」ですよ。

この the spelling of these words のような「**動詞 ing ＋ of 名詞**」はしばしば「動詞＋その対象（目的語、O）」の関係になるのです。「**目的格の of**」などと言

われています。なので「...を...すること」という訳になります。

問題10

文頭④ **There** is an economic argument for the importance of correct spelling.

説明①

(イントロ), There	is	an economic argument	for the importance of correct spelling.
	行動 (be動詞)	主人公 が (主語、S)	主人公の説明 (または文全体の説明)

訳 「正しくスペルすることの重要性には経済的な理由 **が** ある」

for がポイントでした。for から主人公の説明の箱に入れられたでしょうか？間違っている人は多くが下の例のように、その後の of から入れていたのでは？

主人公の説明を「of など前置詞」と解説したので、どうしても of から入れると思っている人が多いかもしれませんが、前置詞から説明ですよ。for は前置詞ですね。前置詞は絶対主人公の箱に入りません。**前置詞から説明の箱へ！** よく覚えておいてください。

■ **分類の間違い例**

(イントロ), There	is	an economic argument ~~for~~ the importance	of correct spelling.
	行動 (be動詞)	主人公 が (主語、S)	主人公の説明 (または文全体の説明)

こう分類した人は、そもそもどう訳すつもりですか？

説明①

文頭② **The biological value of the vocalization among crows is shown** by the fact that the males that crow the most also have the highest reproduction rate.

	The biological value	of the vocalization among crows	is shown ...
✕			
イントロ (いつに、どこで)	主人公 (主語、S)	主人公の説明	行動 (動詞、V)

(be動詞、一般動詞、**受身**)

前半の訳 「カラスが鳴き合うことの生物学的価値 **は**、示される / ...」

■ 過去形？　現在形？　英語特有の言い方

　分類は簡単だと思いますが、訳が難しかったかもしれませんね。行動部分の訳を「示された」「示されていた」と過去形で訳してしまいませんでしたか？　過去形ではなく現在形ですよ。あるいは「示した」「示す」と一般動詞（能動）で訳した人もいたと思います。行動部分の3つのタイプの中で受身です。一般動詞で訳した人はおそらく意味がわからなかったのだと思います。

　　「生物的価値は、示される、以下の事実によって...」

ということなのです。ここでは文の前半だけ分類することに絞っているので、わからなかったかもしれませんが、後半も一応目を通しておきましょう。
　「以下の事実 (the fact that ...)」とは、「『よく鳴くカラスほど繁殖率が高いという』事実」ですね。the fact と that ...は「同格」の関係になっています (p.281)。
　よく鳴くオスのカラスほどメスどりにもてて、たくさん子供を作るのですね。そこにカラスが鳴く生物的価値があると言っているわけです。
　英語特有の言い方で難しかったかもしれませんが、こうした文もやはり英語の設計図通りに表現されていることがおわかりでしょうか。

問題12

文頭⑪   説明①

However, the whole discussion of communicative functions in animals is flawed by the fact that we don't really know what goes on in the minds of the individuals.

However,	the whole discussion	of communicative functions in animals	is flawed	...
イントロ（いつに、どこで）	主人公（主語、**S**）	主人公の説明	行動（動詞、**V**）	

（be動詞、一般動詞、**受身**）

前半の訳 「しかし、<u>動物のコミュニケーション機能についてのすべての議論</u> **は**、傷つけられる / ...」

これも【問題11】と同じく、行動部分を「傷つけられた」「傷つけられていた」と過去形で訳した人がいたかもしれませんが、現在形ですよ。

あるいは、「傷つける」と一般動詞（能動）で訳した人はいませんでしたか？

「今までの全体の議論は、傷つけられる、以下の事実によって...」

ということです。

「以下の事実」は【問題11】と同じで英語特有の言い回しですね。

直訳すれば「『個々の心の中で何が起こっているのか私たちが実際には知らない』という事実」ですが、要するに「鳥など動物たちに直接聞いたわけではないということですね。やはり the fact と that ...が「同格」の関係です。今まで散々、鳥の鳴き声の意味など動物の鳴き声の意味を解説してきたが、実際に彼らが心の中でどう思っているかは、会話できないのでわからないけどね、と言っているわけですね。最後のオチの文です。その事実によって、今までの議論はキズを付けられる、つまり、完璧ではなくなると言っているわけです。

なお、However,（カンマ付き）は「1語のイントロ」でしたね。（p.242）

義頭④ 説明④
There are lives that can be saved with just a little compassion.

(イントロ), **There**	are	lives	that can be saved with just a little compassion.
	行動 （be動詞）	**主人公 が** （主語、S）	**主人公の説明** （または文全体の説明）

訳 「ほんの少しのあわれみの心があれば救える命**が**ある」

分類があっていても訳を間違えた人が多かったのでは？ 上はある学生の訳ですが見事！ 完璧ですね。「…命がある」これが一番重要な情報ですよ。そしてどんな命？と思っていると説明がついているという感じです。訳を間違えた人はここでつまづいたのではないですか。

「憐れみの心があれば命は救われる」あるいは「…命を救うことができる」

と訳した人もいたと思いますが、**There 始まりの文**ですよ。「何があるの？」と思って読まないといけません。勝手に自分で「こんな意味かな」と思って訳してしまってはいけませんね。それならここまで英語の設計図を学んだ意味がありません。根拠をもって訳してください。

「が」は何に付けるのか、フォーマットに当てはめて訳してください。

当てはめて訳すことで、作者の言いたいことが正しく理解できるのです。

問題14

文頭① **In an attempt to explain some of these characteristics of language development, scientists** often **apply** the concept of innate ability.

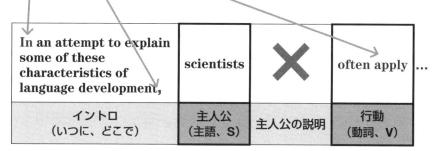

（be動詞、**一般動詞**、受身）

前半の訳 「言語発達に関するこれらの特徴のいくつかを説明しようとする試みの中**で**、科学者たち**は**、しばしば適用する / …」

■ 「イントロの中身」は独立したイントロとして訳す

イントロ部分の訳が難しかったと思います。

まず、分類もできていない人もいたのでは？ In …で始まっているのでカンマまでイントロですね。もっとも基本のパターンです。

そしてイントロ部分は独立して、この部分だけ訳すのでしたね。

「…の試みを、科学者たちはしばしば適用する」と訳した人はいませんでしたか？ なぜ「を」なのでしょう。イントロ部分なので、「で」や「に」を付けて訳すのが基本でしたね。なので「…する試みの中で、」ですね。広い意味の「場所の説明」ともとれるし「時の説明」ともとれます。「を」は必ず後半ですよ。前半には出てきません。フィーリングで訳さないでくださいね。英語は必ず設計図通りに書かれていますから。

まだ後半も文が続きます。後半は「生まれつきの能力という概念 (the concept of innate ability)」をしばしば適用するのですね。英語がすごく上手にしゃべれるなど何か説明できないことが起きると、もともと生まれつきできるのだろうとか、天賦の才だろうと言って逃げてしまうという話です。

■ 「1語の副詞」はセットで行動の箱へ

そして often も語句注に書いておいたように行動の箱に入れてください。

347

問題15

文頭⑤

When one of the most important e-mail messages of his life landed in his in-box a few years ago, Kord Campbell overlooked it.

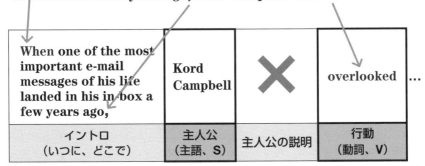

（be動詞、**一般動詞**、受身）

前半の訳　「2、3 年前に彼のメールボックスに人生でもっとも重要な E メールの
メッセージが届いた**時**、コード・キャンベル**は**、見落とした / ...」

■「イントロの中身」は独立したイントロとして訳す

　この問題は簡単そうで意外と間違っていた人が多かったのでは？　分類はで
きても訳が難しかったかもしれません。

　イントロ部分の訳ですが、次はごちゃまぜにして訳しているケースです。

誤訳例　「コード・キャンベルが見落とした2、3年前の彼のメールボックスに届
いたEメールのメッセージが、彼の人生で最も重要な一つの時だった」

　これは一体どこまでがイントロで、何が主人公なのか、何が行動部分なのか
よくわからないですね。分類した意味がない。

　前半は「○○は」「●●した」と訳せるのが英語だと言いましたよね。

　　「コード・キャンベル**は**、見落とした / （それ**を**）」

　これが一番重要な情報ですね。それにイントロ（...した時に）がついているだ
けです。When を見た瞬間に、イントロの末尾は「...した**時（に）**、」に決まる
のですよ。

問題16

文頭⑨ **It is true that developed countries are required to give protection to refugees.**

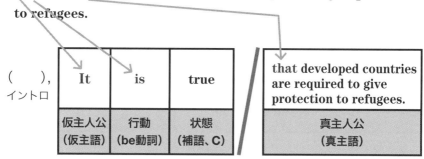

( )、 イントロ	It	is	true	
	仮主人公 (仮主語)	行動 (be動詞)	状態 (補語、C)	that developed countries are required to give protection to refugees.
				真主人公 (真主語)

直 訳 「それは本当だ…」

⇩

完成訳 「先進国が難民に保護を与えることを求められていることは、本当だ」

どうでしたか？ 重要な「It 始まり」の文ですが、おそらくほとんどの人が正解したと思います。「それは本当だ」ですが、「それ」ってどれ？と思うとやはり後ろに that があるので、that 以降が「それ」の内容ですね。いわゆる仮主人公－真主人公パターン。

「それは本当だ、なので先進国は…」と訳した人は0点です。「それ」って何？仮主人公－真主人公パターンは「それの訳は消える」と言いましたね (p.221)。完成訳のどこにも「それ」がないことに注意してください。

なお、that 内は文ですが、次のようになっています。

developed countries are required to give protection to refugees.
先進国 **は** 求められる / 難民に保護を与えることを

要するに受身の文ですね。to give 以下の「受身の後ろ」については第4章でくわしく扱います。

問題17

What **is** critical to be an effective leader in this environment **is** to be willing to relinquish power.

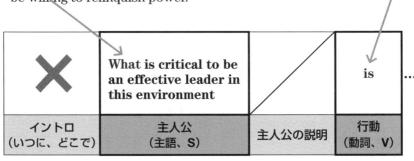

×	What is critical to be an effective leader in this environment		is ...
イントロ (いつに、どこで)	主人公 (主語、S)	主人公の説明	行動 (動詞、V)

(be動詞、一般動詞、受身)

前半の訳 「この環境で優秀なリーダーになるために重要な<u>こと</u>**は**、＝ / ...」

■ **Whatのカタマリは分解しない！ 主人公の説明は付けられない！**

　分類の間違いをしやすいケースです。to be 以降を「to V の説明」と間違えて主人公の説明に分類しませんでしたか？ What からのカタマリは必ず行動部分の前まで、すべて主人公の箱に入れます。途中で分解してはダメですよ。途中で分解する方が難しいのですが。

　What からのカタマリは必ず行動部分の前まで1つのカタマリです。**長い主人公のカタマリには主人公の説明は付けられない**のでしたね (p.207, p.237)。

　主人公の説明の箱はこのように斜線で消しておきましょう。

テーマ 3　正解

文頭③　　　説明③

People who saw their towns swallowed up by black water want to rebuild their houses on high ground.

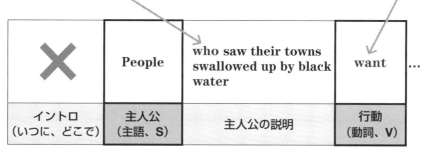

（be動詞、**一般動詞**、受身）

前半の訳　「洪水に自分たちの街が飲み込まれるのを見た人々**は**、望んでいる / ...」

　実際の私の授業ではこれはほぼ全員、分類も訳も完璧でした。皆さんはいかがでしたか？

　まず People は前置詞も付いていないし、最初の名詞っぽいので、主人公の箱へ。いわゆる普通の名詞から始まるパターン。そして who があります。これはどんな人々か、説明を付けたぞというサインでしたね。なので who から主人公の説明の箱に入れます。

　前半の最後に want があるので、その前までが説明ですね。「洪水に自分たちの街が飲み込まれるのを見た人たち」です。何を望んでいる（want）かというと今度は高台に家を造ってくれることを望んでいるのですね。

説明④

文頭③ **Truly autonomous cars that do all the work are** still at least a
decade away from transporting people around town.

✕	**Truly autonomous cars**	**that do all the work**	**are**	...
イントロ （いつに、どこで）	主人公 （主語、S）	主人公の説明	行動 （動詞、V）	

（**be**動詞、一般動詞、受身）

前半の訳 「すべての仕事をする真の自律型自動車**は**、＝／...」

これも実際の授業ではほぼ全員できていました。

先頭の Truly autonomous cars は特に前置詞も付いていないし、主人公と考えてみます。そしてその直後に that が。これは説明文を付けたぞというサインでした。「すべての仕事をする真の自律型自動車」ですね。

それは現在のように「人々を街のあちこちに輸送すること」（transporting people around town）から少なくとも十年離れたところにいる、というのが直訳。要は、少なくとも十年はかかるだろうという記事でした。

＊

お疲れさまでした！

どうでしたか？　分類は？　訳は？　満点の人はスゴい！

```
● 自己採点結果 ●
19問中（190点中）（       ）問正解
                （       ）点
```

第4章

英文の後半の読み方

本書は、前半の読み方を重視していますが、後半が気になる人もいると思うので、まとめて解説しておきます。

第3章で後半の設計図の"簡易版"はすでに解説しています（p.166）ので、そこで説明していなかったパターンを説明しておきたいと思います。

§1. be動詞 と be動詞系

「行動部分」は、be動詞、一般動詞、受身の3つしかないと言いました。（p.93）
文の後半は、この3つに分かれるところから始まるのでしたね。（pp.166-180）
まず、be動詞の後ろはこんな感じでした。

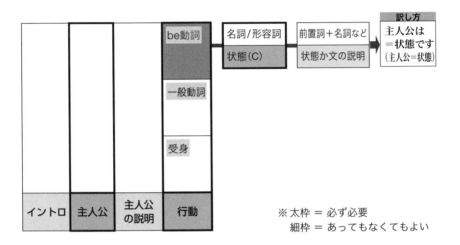

※太枠 ＝ 必ず必要
　細枠 ＝ あってもなくてもよい

例えば、ここに2つ文があります。

She is a teacher.　　── ①

She became a teacher.　── ②

①はbe動詞を使った文なので、後ろは「状態 (C)」で、「主人公は＝状態です」
と訳せばいいですね。

She　is　a teacher.
主人公　V　状態 (C)
「彼女は先生です」

では②は？

became は一見「一般動詞」に見えますが、実はこれも **be動詞の仲間**なのです。
なので、be動詞の箱に入れてください。
つまり、後ろはやはり「状態 (C)」ですね。

   She   <u>became</u>   <u>a teacher.</u>
   主人公   V   状態 (C)
   「彼女 = 先生になった」

このように be動詞の仲間というのがあり、私は「**be動詞系**」と呼んでいます。
　重要なのは、「**主人公 = 状態 (C)**」というイコール関係は変わっていないということ。
　②の文も「She = teacher」というイコール関係は変わっていないですね。
　それが **be動詞の仲間になれる「条件」**なのです。
　他には seem や look や remain などが典型です。

- 主人公   look   状態
  「主人公は = 状態に見える」
- 主人公   remain   状態
  「主人公は = 状態のまま」   （※seem については p.280 を参照のこと）

　イコール関係は変わっていなくて、「主人公は＝状態です」の「です」の部分がいろいろ変わっているだけですね。
　イコール関係のニュアンスが少しずつ変わっていくだけ。そこがポイントです。

後半の読み方 ❶

be動詞系（be動詞の仲間：**become, look, remain** など）は、
「です」のニュアンスが変わるだけで、イコール関係は変わっていない!

   「 主人公は = 状態<u>です</u> 」

       「になった」「に見える」「のまま」など

§2. 「対象（O）」の後ろは本当は3つ

　続いて「一般動詞」の後ろに行きましょう。これも完全版を解説しておきます。
「簡易版」（p.166）ではこうなっていました。

　　一般動詞の後ろは、基本は名詞があるはずで、
　　これは動詞の「対象（目的語、O）」なので、「を」を付けて訳せばよい。

　あるいは、たまに「前置詞＋名詞」が来るときは、行動部分の説明、つまり、
「いつ、どこで」などの説明になるのでした。覚えていますか？

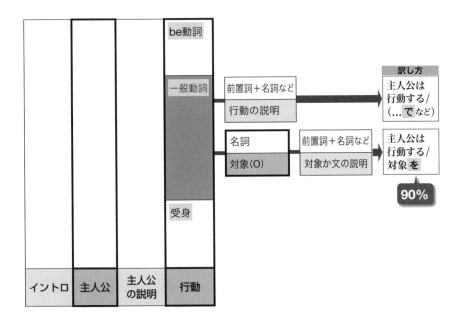

　そして、「対象（目的語、O）」の後ろは「対象か文の説明（前置詞＋名詞など）」
と言いましたが、実は細かく言うと、対象（目的語、O）の後ろは、**あと2つ**あ
ります。
　その2つを解説しておきます。
　SVOO パターンと **SVOC** パターンです。

（1）SVOO パターン

She gave me a chocolate.

　例えば、この文ですが、一般動詞の後ろに me があり、さらに後ろに a chocolate という名詞が来ていますね。
　このように**名詞が2つ並んでいるケース**です。訳はわかりますね。

She gave me a chocolate.
「彼女は与えた / 私**に**、チョコレート**を**」

ですね。
　つまり、目的語（対象、O）の後に、また**2つ目の目的語（対象、O）**が出てくるというわけで、一般的には **SVOO パターン**と言われています。
　「対象2」という感じで、

　「主人公は行動する / **対象に　対象2を**」

といった訳になります。
　このパターンを追加しておきます。

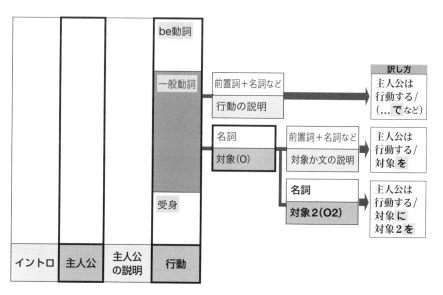

それによって「を」ではなく「...に...を」と「てにをは」が変わってきますので注意。

　　She　gave　me　a chocolate.
　　　　　　　 対象　　 対象2
　「彼女は与えた / 私**に**、チョコレート**を**」

　つまり、前は「対象（目的語、O）」の後ろは1つしかないと言っていましたが、この SVOO パターンもあるので、設計図に追加しておきます。
　これは動詞が限られているのでわかると思います。
　give（あげた / 誰に何を）、tell（話した / 誰に何を）、などでしょうか。

(2)　SVOCパターン

　次は SVOC パターンです。
　例えば、こんな文ですね。

　　She made me happy.

　訳はわかると思います。「彼女は私をハッピーにさせた」ですね。

　　She <u>made</u> me <u>happy</u>.
　「彼女は私をハッピーにさせた（してくれた）」

　なぜこういう訳になると思いますか？
　一般動詞の後ろに名詞が来るので、me は対象（目的語、O）ですね。
　しかし、その後ろに happy という形容詞が来ています。
　普通は、目的語の後ろは、「前置詞＋名詞」か「名詞」かしかなかったはずです。
　これは実は「**状態（補語、C）**」という役になります。
　つまり、**O** の後に **C** が出てくるので **SVOC** パターンと言われています。

　このパターンは「使役動詞」などと難しく説明されていますが、ポイントは、なぜ make（過去形 made）が「させる」になるの？というところですね。
　そうではなく、この場合も **make** は「**作る**」でいいのです。

「彼女は作った / 私がハッピーという状況を」

ということです。
つまり、

　　「主人公は行動する / "対象 = 状態 (C)" という状況を」
　　　　　　　　　　　　me　= happy

ということですね。**「その状況を」**作ったわけです。
「私＝ハッピー」という状況を、彼女が作ったのだから、
「彼女が私をハッピーにしてくれた」という訳になるのですね。
これが1つ目の SVOC パターンです。
今度はこの文はどうでしょう。allow は「許す」です。

　　She allowed me to take the test.

これは「彼女は私を許した」でしょうか？　実はそうではなく

　　「彼女は許した / 私がテストを受けるという状況を」

ということですね。

　　She allowed　me　to take the test.
　　　　　　　　 対象　　 状態
　　　　　　　　　O　　　　C

つまり、対象 (目的語、O) の後に to V ...が来ていますね。
これが実は to take the test が「状態 (C)」という役割で、

　　「主人公は行動する / 対象 が V する状況を」

ということなのです。
つまり、**状態 (C)** は、形容詞の場合と **to V** ...の場合があるということですね。

次の文はどうでしょう。

　　She made me clean the room.

これで「彼女は私に部屋の掃除をさせた」という意味になります。

　　She　made　me　clean the room.
　　　　　　　　対象　　状態
　　　　　　　　O　　　C

なぜそういう意味になるかというと、直訳は、

　　「彼女は作った / 私が部屋を掃除するという状況を」

だからですね。
　to V …ではなく clean …と、to がな**原形動詞**になっていますが、一部の動詞（make と let と have の3つだけです）はこのように to を付けなくてもいいことになっているのです。
　つまり、to がなくて V …のカタマリが目的語の後に来たときも

　　「主人公は行動する / 対象 **が** V する状況 **を**」」

と訳していいわけですね。

まとめると次ページ上のようになります。

SVOC で使う動詞には make が典型ですが、他に have や get もあります。
（get だけは to V をとります）
なぜ突然「させる」などの訳になるのかというと、すべて、

　　「ある状況」を作ったり（make）
　　　　持ったり（have）
　　　　手に入れたり（get）するから

なのですね。

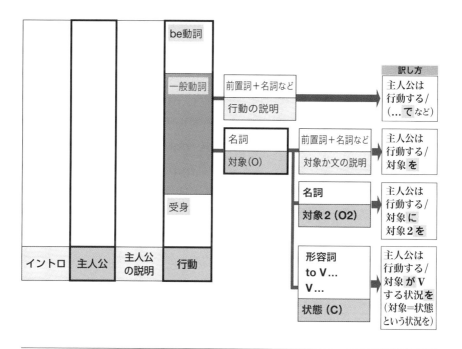

「対象（目的語）がVするという状況を」作ったのが主人公ということで、
「主人公は対象に...させた」という訳になるのです。
つまり、Oの訳は「対象を」が基本ですが、

　SVOOなら「**対象に**」
　SVOCなら「**対象が**」

になるということですね。

後半の読み方 ❷

☆ SVOC パターンとは？

She made me **happy.**

She allowed me **to take the test.**

She made me **clean the room.**

対象 (目的語、O) の後ろが「 **形容詞 / to V... / V...** 」
だったら

⬇

SVOC の「**C (状態)**」で

⬇

● 形容詞 なら
「主人公は行動する / 対象 (O) ＝ 状態 (C) という状況を」
(主人公がそういう状況を作った、持った ☞ させた)
と訳し

● **to V... / V...** なら
「主人公は行動する / 対象 (O) が V する状況を」
(主人公が対象に V させた)
と訳す

では少し練習してみましょう。

● 練習問題 ●

次のそれぞれの英文の行動部分（二重下線部分）以下を設計図に分類しなさい。
（前半はすでに分類してあります）

▶練習1

The vast majority of governments around the world **still do not allow** couples of the same sex to marry. （慶応大・経済・一部改）

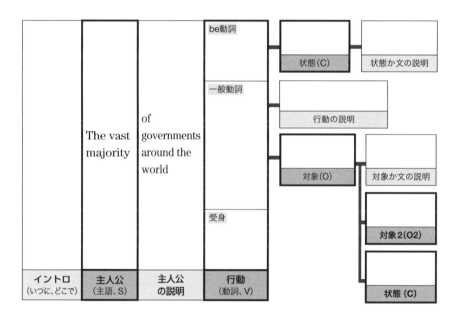

訳 「　　　　　　　　　　　　　　　　　　　　　　　　　　　　　　」

語句 vast majority「大多数」　governments「政府」　around the world「世界中の」　still「未だに」　couples of the same sex「同性のカップル」　marry「結婚する」

(正解)

The vast majority of governments around the world **still do not allow** couples of the same sex to marry.

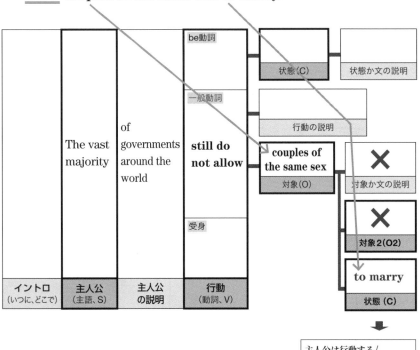

訳　「世界中の政府の大多数は、未だに許さない / 同性のカップル**が**、結婚すること**を**」

　最後に to marry があるので「同性のカップルを許さない」ではなく、「『同性のカップルが結婚すること』を許さない」のですね。いわゆる SVOC パターンと気づきましたか？
　still は「1語の副詞」ですね。(p.249、p.341)

▶練習2

Most Japanese people **<u>keep</u> one side of the escalator open**.

(早稲田大・商・一部改)

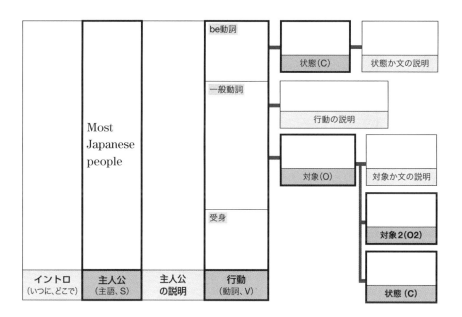

訳　「　　　　　　　　　　　　　　　　　　　　　　　　　」

語句　most「たいていの」　keep「保つ、…のままにする」　one side of the
escalator「エスカレーターの片側」　open (形容詞)「空いている」

（正解）

Most Japanese people **keep one side of the escalator** open.

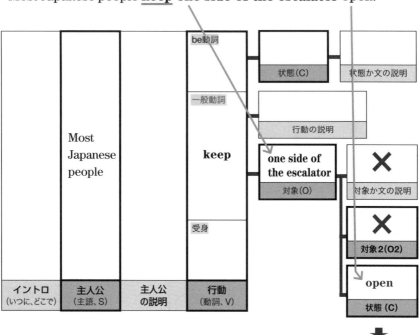

訳 「大半の日本人は、キープする / エスカレーターの片側＝オープンとい
う状況**を**」
（エスカレーターの片側を空けたままにしておく）

open という形容詞が最後にあるので、「片側をキープする」ではなく、「『片
側がオープンという状況』をキープする」のですね。この文もいわゆる SVOC
の文と気づきましたか？

§3. 受身の後ろは本当は**3**つ

設計図が完成してきましたね。

残りは3つのうち受身だけです。

今まで、

受身の後ろは「by...」など「**前置詞＋名詞**」で、

基本的に、前にある「**行動部分（動詞、V）の説明**」

と言ってきました。

設計図を見てください。

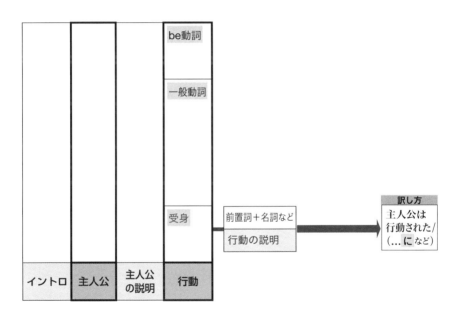

もちろん「...された」なので、by などで「誰に（何に）」されたのかを付ける
パターンが大半でほぼ9割以上ですが、正確に言うと、次にお話しするような、
あと2つのパターンがあります。

(1) SVOOの受身パターン

例えば、こんな文があるとします。

She gave <u>him</u> <u>a chocolate</u>.
　　　　　　対象　　　対象2
「彼女は与えた / 彼**に** チョコレート**を**」

いわゆる SVOO の文でしたね。

この文を受身にしてみましょう。

受身というのは、対象 (目的語、O) を前に出して変形して (主人公にして) 作るので、こうなりますね。

She gave <u>him</u> a chocolate.

He <u>was given</u> **a chocolate**.
　　　V (受身)

受身 (V) の後ろに注目。

いつもの「前置詞＋名詞」ではなく、「名詞」が残っていますね。

この文はこう訳すのが正解。

「彼は与えられた / チョコレート**を**」

つまり、SVOO の受身のときは、このように

2つ目のO (対象2) が残った形

になるのですね。

なので、その名詞に「を」を付けて訳すのが正解になるのです。

なぜなら、この名詞は「**残った対象2 (＝ O2)**」だからですね。

まとめてみましょう。

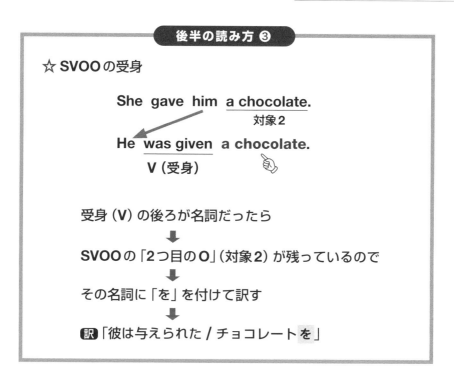

というわけで、これを設計図に書き加えましょう。

受身の後ろの2つ目のパターンです。

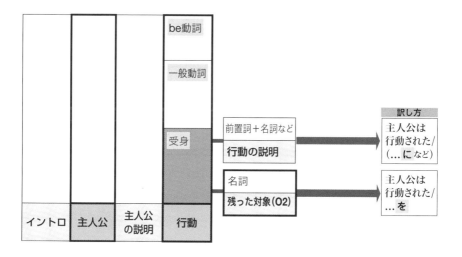

(2) SVOCの受身パターン

そしてもう一つありますね。
いわゆる SVOC の受身です。

She made <u>him</u> <u>happy</u>.
　　　　　　対象　　状態
　　　　　　　O　　　C
「彼女は作った / 彼がハッピーという状況を」

この文の受身はこうなりますね。

She made <u>him</u> happy

<u>He</u> <u>was made</u> **happy**.
　　　　　V（受身）
　　　　　　　　　　　☞

「彼は作られた / ハッピーという状況を」
（彼はハッピーになった［してもらった］）

つまり、この場合は受身の後ろは形容詞が来るのですね。
形容詞が来ていたら、SVOC の C が残った形だということ。
なので、訳は、

「主人公は行動された / 形容詞の状況 を 」

という感じになるのですね。

そして、SVOC はもう1パターンありました。

She allowed <u>him</u> <u>to take the test</u>.
　　　　　　　対象　　　状態
　　　　　　　　O　　　　C
「彼女は許した / 彼が試験を受けることを」

この文ならどうでしょう?
受身はこうなりますね。

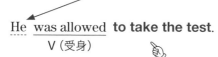

She allowed him to take the test.

He was allowed to take the test.
    V (受身)

「彼は許された / 試験を受けることを」

つまり、受身の後ろが to V ...というケースもあるということ。
この場合は、SVOC の C が残っている**「残った C」**ということですね。
なので、訳は

  「主人公は行動された /**V すること**を」

のような訳になるのです。
ただし、受身の後ろが to V ...なら、すべてそうだというわけではありません。
SVOC がとれる動詞のときということになります。
普通の「V するために」という "目的" の to V である可能性もあります。
ただ、**大半は SVOC の受身**だと思います。

まとめると次ページのようになりますね。

```
┌─────────  後半の読み方 ❹  ─────────┐
│
│ ☆ SVOCの受身              ┌─────────┐
│                           │ 形容詞  │
│     He  was made  happy. ◀┘
│         ‾‾‾‾‾‾‾‾
│     He  was allowed  to take the test.
│         ‾‾‾‾‾‾‾‾‾‾‾
│                        ┌──────────┐
│                        │ To V...  │
│                        └──────────┘
│
│  受身 (V) の後ろが「形容詞」や「to V...」のときは
│            ⬇
│  SVOCの「C (状態)」が残っているので
│            ⬇
│  直訳は「形容詞のような状況 を」「...V すること を」と訳す
│            ⬇
│  訳「彼は作られた / ハッピーという状況 を」
│    「彼は許された / テストを受けること を」
│
└──────────────────────────────────┘
```

というわけで、これも設計図に書き加えましょう。

これで**設計図の「完全版」**が完成ですね。

つまり、**訳し方は正確に言えば8パターンある**ということですね。

これが受身の後ろの3つを加えた**完全版**です。

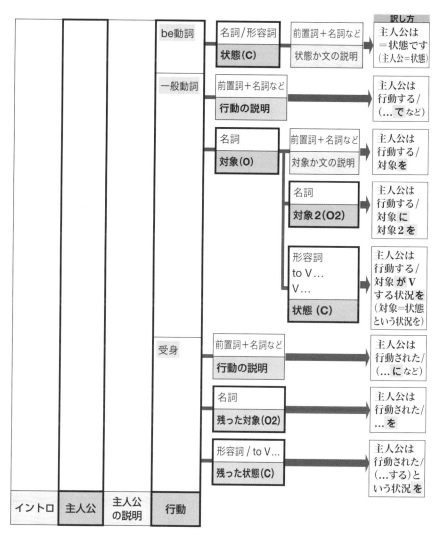

※ p.388-389に拡大版を載せてあります。

練習してみましょう。

● 練習問題 ●

次の英文の行動部分（二重下線）以下を設計図に分類しなさい。（p.273の文）

Those who did not own property such as women **were not allowed** to vote.

（専修大・一部改）

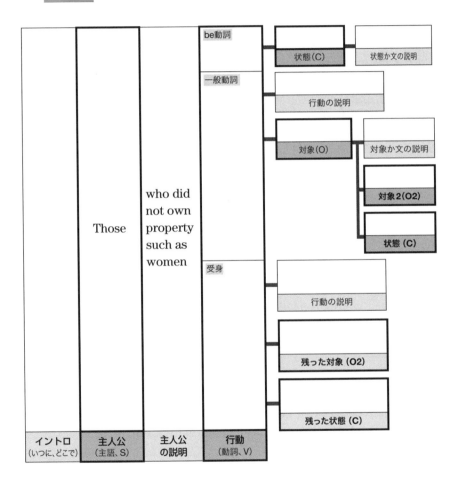

| イントロ (いつに、どこで) | 主人公 (主語、S) | 主人公 の説明 | 行動 (動詞、V) |

訳　「　　　　　　　　　　　　　　　　　　　　　　　　　　」

語句　own「所有する」　property「財産」　such as「…など」　women「女性（複数形）」　vote「投票する」

正解

Those who did not own property such as women **were not allowed to vote**.

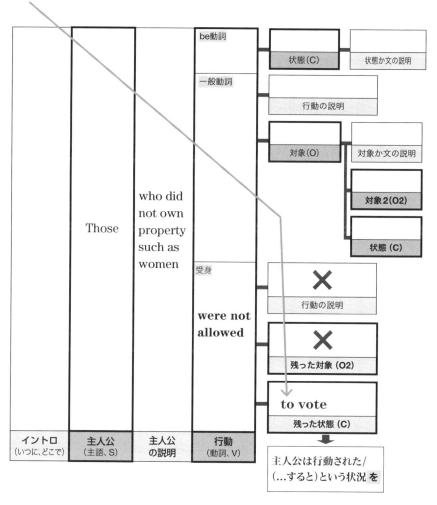

訳 「女性など財産を持たない人々**は**、許されなかった / 投票すること**を**」

「許されなかった、投票するために」ではないですよ。SVOC の残った C と気づけましたか？ Those who はこれまで何度も登場しました。Those = Those people でしたね。

前　半				
			be動詞	
			一般動詞	
① In など前置詞 ...				
	② The ... / A...			
	③ (普通の) 名詞	① of など前置詞...		
	④ There ... (専用設計図)	② , (カンマ)		
⑤ When...など "節"続詞		③ who ...		
	⑥ To V...	④ that ...		
	⑦ Ving...	⑤ 名詞 ...		
⑧ Ved (by) ...		⑥ to V ...		
	⑨ It... (仮主人公)	⑦ Ving ...	受身	
	⑩ What...	⑧ Ved (by) ...		
⑪ But / ...ly				
	⑪ Whether...			
	⑫ 特殊			
イントロ (いつに、どこで)	**主人公** (主語、S)	**主人公 の説明**	**行動** (動詞、V)	
...で・に、	は	(どの？)	...した	

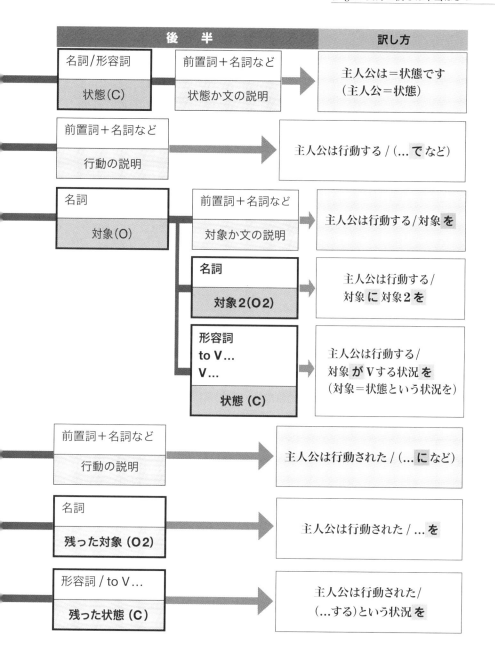

後　半		訳し方
名詞/形容詞 状態(C)	前置詞＋名詞など 状態か文の説明	主人公は＝状態です （主人公＝状態）
前置詞＋名詞など 行動の説明		主人公は行動する /（... で など）
名詞 対象(O)	前置詞＋名詞など 対象か文の説明	主人公は行動する/対象 を
	名詞 対象2(O2)	主人公は行動する/ 対象 に 対象2 を
	形容詞 to V... V... 状態 (C)	主人公は行動する/ 対象 が V する状況 を （対象＝状態という状況を）
前置詞＋名詞など 行動の説明		主人公は行動された /（... に など）
名詞 残った対象 (O2)		主人公は行動された / ... を
形容詞 / to V... 残った状態 (C)		主人公は行動された/ （...する）という状況 を

英語の設計図「完全版」

　以上、訳し方は合計8パターンあります。

　必ず自分は今どのパターンで訳しているのか、と考えて訳してください。

　ただし8パターンあると言っても、網伏せにした重要な3パターンばかりです。8割はこれ。他はほとんどない。

　そう思ってこれから出会う文を読んでいってください。

パターンに当てはめて訳すことで

⇩

作者の言っていることが

⇩

正しく理解できるようになる!

　ということですね。

あとがき（前著との違い）

最後まで読んでくださった皆さん、有り難うございました。

本書を読んでどんな感想をお持ちになりましたか？

それでは「はしがき」にも書いた通り、本書は前著『**超・英文解釈マニュアル**』からどのように変わったのか、最後まで読んでいただいた人には理解していただけると思いますので、ここにくわしく説明しておきます。

変わった点（主な改善点）は大きく分けると4つ。

    1.　文法用語は使わない
    2.　英文を「前半」と「後半」に分けた
    3.　"順番"を入れ替えた
    4.　パターンの追加

以下、順に説明していきます。

1. 文法用語は使わない

大学生に教えてみて、最初は、「主語」や「動詞、述語動詞」、あるいはSやVなど、通常の文法用語を用いて説明していたのですが、ある学生が「主語とか、文法用語が出てくるともうわからなくなる…」と授業後の感想に書いていました。そして、その学生は翌週から授業に来なくなってしまいました。

英語が超苦手な学生、英語にアレルギー反応がある学生を特に歓迎して受講生を募っており、そういう学生には、文法用語を使うだけで拒絶反応が起こることがわかってきました。

そこで3年目から文法用語はいっさい使わず、主語は「主人公」、動詞は「行動」として、「『主人公』は『行動』した」みたいな説明に変えました。

すると、「主人公はどれかな？」などと学生同士で話すなどして、かなりすんなりと授業の内容に入ってくれるようになり、満足度が一気に上昇したのです。このやり方でいこうと決めました。

これを踏まえて**本書でも文法用語をいっさい知らなくても読めるようになっています。**（ただ、読者の皆さんの習熟度はさまざまですので、適宜文法用語も添えたり、定義を明らかにして使ったりしています）

2. 英文を「前半」と「後半」に分けた（これが大きかった）

最初の1、2年目までは普通に「設計図」を使って教えていたのですが、わかってくれた反面、やはり、文の最後の方にある単語を「イントロ」の箱に入れたり、後半にある単語を「主語（主人公）」の箱に入れる、という事例が続出しました。

「最初にあるからイントロだよね、最後にイントロはありえないよね」とか、鉄道と駅の絵を描いて、「鉄道では後ろに下がれないよね。いったん駅を通過したら後戻りできないよね」などと再三説明したにもかかわらず、やはり最後の試験になっても間違える学生が続出しました。

「イントロは使わなかった時点で×マークを記入しておこう」というのもこのような経験から生まれています。

しかし、それでもなかなか改善しません。そこで3年目に、**英語の文は実は「前半」と「後半」に明確に分かれている**、という話を最初にすることにしました。

自分としてはなにげなく説明しただけなのですが、**この説明が今考えるとブレークスルーを起こすほど重要だった**と思います。

そして前半には「主人公は、行動した」と書いてある、つまり読む前から訳し方はわかっているので、その通り訳せばいいだけだと説明しました。文の前半を太字にして、「この太字が前半なので、この太字部分だけを設計図に入れてください」という言い方をすると、ほぼ全員が分類できるようになったのです。

考えてみると、英語は前半と後半に分かれている、と明確に書いてある英語の本や参考書はないですよね。一番重要な英語の特徴だと思うのに…。

4年目には、前半は「行動部分で終わる」というのも強調して教えたところ、分類だけでなく、訳も完璧にできるようになったのです。

英語は必ず「前半」と「後半」に分かれている、前半に何を書くか決まっている、ということを強調して教えるようになったことが、2つ目の大きな改善点だと思います。

後半部分を"断ち切った"ことで、私の言いたいことがより鮮明に伝わるようになりました。

3. "順番"を入れ替えた

前著では、文の左から順に「文の先頭→Sの直後→動詞→動詞の直後」と解説するスタイルでした。しかし実際に大学生相手に授業してみると、いろいろ問題が...。

① 「どこから」〜「どこまでか」という"切れ目"を明確に

「The ...で始まっていたら主語（主人公）」というのは私の説明の代名詞のようになっているかと思いますが、予備校講師時代、ある学生が私のところに来て、「先生、すごいですね。そうだったのですか。Theが主語なんですね、気づきませんでした」と言い出しました。

「Theが主語」？　最初はふざけているのかと思いました。もちろん本当は、The ...というカタマリ、つまり「Theと後ろの名詞とがセット」で主語なのです。

これは実は大学生相手に最初に説明したときも同じ反応があって、Theだけを主語（主人公）の箱に入れる学生がいました。あるいは、分類自体を書かない学生。主語（主人公）の箱に何を入れたらいいかわからない様子。

そう、つまりThe ...から主人公なのですが、「どこまで」が主人公なのかを明確に言わないと、主人公の箱に入れられないのだなと気づきました。

つまり、「ここから〜」だけでなく「〜ここまで」を明確にしないといけなかったのですね。「どこまで」が主人公なのかという"切れ目"問題です。これは前著では、文頭12パターンについて解説した後に教えていたことです。

そこで、今までは「主人公の説明」に回していた「**of など前置詞...**」を「**The ... of ...**」パターンとして「**The ... / A ...**」とともに教えることにしました。

つまり、of など前置詞が出てきたら、その直前までを主人公の箱に入れてくださいと言ったのです。いわゆる「主人公の説明」が付くパターンですね。

そうすると正しく主人公の箱に入れることができるようになりました。

英語はこの「The ... of ...」パターンがすごく多いので、まずこれで自信を持ってもらおうと思ったわけです。

そしてもう一つ。主人公の説明が付かないパターンは主人公の後にすぐ行動部分が出てくるので、**行動部分（動詞、Ｖ）のカタチも先に**（第2章 PART 1で）**教えることにしました。**be 動詞、一般動詞、受身の3タイプですね。これは前著ではかなり後ろの方で教えていたことです。つまり、行動部分特有のカタチが出てきたら、その直前までを主人公の箱に入れるように指導して練習すると、ちゃんとみんな主人公の箱に正しく分類できるようになったのです。

②「文の後半の知識」が必要なものをあとに回す

そして文の先頭のサインについても、「**When など"節"続詞**」と「**It**」から始まる文は、**あとから解説することにしました。**

これも当初は前の方で解説していたのですが、いまいちピンとこないようでした。分類はできても訳はできません。

たしかにそうですよね。これらは文の"後半"の知識も若干必要となってきますが、後半の話はしていないわけですから。

「When など"節"続詞」はイントロ部分が完全な"文"（正式には"節"）になっていますし、It から始まるパターンも後半の真の主人公が to V ...や that 節などなので文の後半の知識が必要です。

ということで、**第2章の PART 1 は文の後半の知識が要らないものだけに特化**することにしました。そして PART 2 の冒頭で、「文の後半の若干の知識」として最低限のことを話すことにしたのです。

- 文の後半の知識も必要なものをあとに回す
- PART 1 は前半の知識だけで読めるものに特化
- PART 2 の冒頭で「文の後半の若干の知識」（簡易版設計図）を解説

そして、To V ...パターンなど準動詞パターンの話をしてから、そのあとに、「It 始まり」の文の話をすることにしました。

そうすると、うそのように It 始まりの文が完璧に訳せるようになりました。

「It 始まりのパターン、もう完璧に訳せます。得意です」とコメントした学生もいました。

③「カンマ ... カンマ」パターンを先に

また、「**主人公の説明**」も、「**カンマ ... カンマ**」で囲む挿入のパターンを先に**説明することにしました。**主人公の肩書きなどですね。

これが一番簡単なパターンだからです。

これはわかりやすかったようで、みんな簡単にわかりました。

なおかつ、このパターンを教えてからだと、その後の who や that による主人公の説明も、「あの『カンマ ... カンマ』パターンが who や that に変わっただけだよ」と言うとすごく理解しやすいことに気づきました。

who や that のいわゆる関係代名詞パターンは英語の最難関と言われ、わからない人が続出するところですが、すごくすんなりと拍子抜けするくらい簡

単にわかってくれました。

　というわけで主人公の説明も順番を入れ替えています。

4. パターンの追加

　そして最後は、**前著で説明できなかった Whether ...と Whatever など、疑問詞 ever で始まるパターンも追加した**ことです。

　それほど出てきませんが、前著でこれだけ抜けていて、一応説明しておきたいなと思っていたので、文の先頭⑪の中で説明しています。

　以上が前著との違いになります。

　その他、前著は大学受験生を対象にしていますが、本書は大学生、社会人の方など一般の人たちにも幅広く読んでほしいと思って書きました。つまり対象が違うと言うことですね。

　実用だけでなく、教養として楽しんで読んでいただいてもけっこうです。

＊

　前著『超・英文解釈マニュアル』と『超・英文解釈マニュアル2』は、おかげさまで多くの方に読んでいただきました。

　本書はもちろん上に書いたように、すでに前著を読まれた方も楽しめるようにしていますので、ぜひ両方の本を手にとってみていただきたいと思います。

　そして、どしどしこの本の感想や質問などをお寄せいただきたいです。

　いずれ、この「前半読み」がマスターできる教室のようなものを開きたいと思っていますので、そのときの参考にしたいと思います。

　本書を読んで皆さんの日常が少しでも変わったなら本望です。

かんべ やすひろ

■著者

かんべ やすひろ（神戸 康弘）
早稲田大学商学部卒。早稲田大学大学院商学研究科修士課程で商学修士号取得。神戸大学大学院経営学研究科博士後期課程で経営学博士号取得。博士（経営学）。現在は山陽学園大学准教授。
著書に『超・英文解釈マニュアル』『同2』、『超・英文法マニュアル』『同2』、『「蛍光ペン」で英語が読める！』(以上、研究社)、『どんな英語も絶対読める！びっくり英読法』(中経出版)等がある。

英語を読みこなしたいなら まず "○○" だけ訳しなさい
——誰も教えてくれなかった "前半" の秘密

2020年9月30日　初版印刷　　　　2020年10月10日　初版発行

著　　者　　かんべ　やすひろ
発行者　　山　内　昭　夫
発　　行　　有限会社　プレイス
　　　　　　〒112-0002　東京都文京区小石川 5-24-11-206
　　　　　　電話　03 (3814) 6742
　　　　　　URL　http://www.place-inc.net/
印刷・製本　中央精版印刷株式会社

カバーデザイン／パント大吉（オフィスパント）
©Yasuhiro Kanbe / 2020　Printed in Japan
ISBN978-4-903738-44-4
定価はカバーに表示してあります。乱丁本・落丁本はお取替えいたします。